지포그래픽

세계화의
세계

GEOFOGRAPHIC

지도와 데이터로 읽는 세계화와 탈세계화

지포그래픽

세계화의
세계

로랑 카루에 지음 │ 오렐리 부아시에르 지도 │ 윤예니 옮김

이다미디어

차례

1장 세계화의 3대 영역

2장 세계의 양극화와 글로벌 생산 체제

지도와 데이터로 읽는
세계화의 세계

지리적 환경과 지경학적 시간에 따라 펼쳐지는 세계화의 파노라마

이 책을 읽는 동안 여러분은 실제로 세계를 여행하듯이 눈앞에 파노라마처럼 광활하게 펼쳐지는 지구의 세계화를 볼 수 있다. 이 책은 모든 대륙, 모든 유형의 공간, 수많은 국가와 지리적 영역을 안내하는 세계 여행이며, 여행하는 동안 주요 주제와 여러 지표가 그 지리적 환경과 지사학적 시간에 따라 펼쳐지는 파노라마를 보여줄 것이다.

이 책이 추구하는 세 가지 목적은 다음과 같다.

첫째는 지리학의 도구, 방법, 개념을 동원해 과학의 범주에서 현대 세계를 가능한 한 쉽게 이해하도록 하는 것이다.

둘째는 개인 및 집단의 미래와 관련된 지리적 정보를 기반으로 바른 선택을 하도록 정제된 정보를 주고 그 대비를 돕는 것이다.

셋째는 교사나 성인이라면 누구나 아이들이 미래의 세계시민이 되도록 복잡한 세계를 설명하고 가르칠 수 있는 교육적 수단을 갖추게 하는 것이다.

세계화에 대한 신화 깨기와 탈세계화 현상

1990년대 이래 세계화 개념은 정치, 경제, 사회, 문화 부문 전반을 아우를 정도로 일반화되었다. 심지어 연극의 갈등 구조를 단번에 해결하고 결말로 이끄는 '데우스 엑스 마키나(Deus ex machina, 기계 장치를 통해 온 신이라는 고대 그리스어로 꼬인 상황을 신이 갑자기 나타나서 해결하는 수법)'처럼 모든 것을 설명하고, 나아가 모든 것을 정당화시킨다. 이처럼 세계화는 모든 것을 포괄하고 어디에나 존재하는 만능 신과 다름이 없다. 본질에서 지리의 영역에 속하는 세계화 개념이 현대 세계를 이해하는 데 유용한 수단이라는 점을 부정할 필요도 없다.

하지만 세계화라는 개념과 세계라는 범주의 과대평가를 재검토함으로써 몇 가지 그릇된 신화를 깨트릴 필요가 있다. 또한 미·중 대립에서 비롯된 탈세계화 현상도 세계화 이후의 세계를 제대로 이해하는 데서 출발해야 한다.

19세기 대영제국이나 1900년대부터 2000년대까지 사이의 미국과 같은 초강대국, 세계 일류 기업들 등 어느 나라, 또 그 누구라도 세계 전체를 지배하는 데 성공한 적은 없다. 우리가 사는 세계는 하나의 범주로 묶기에 너

무나도 방대하고 다양하며 상호 모순적이기 때문이다.

　따라서 지역사회, 지방, 국가, 해양, 대륙의 규모로 이루어지는 연동의 중요성을 강조하는 것이 적절하다. 물론 세계화 차원에서 중요하지 않은 영역이나 규모는 없다(케냐의 장미 재배 참조). 각 규모는 특정한 방식으로 맡은 임무를 수행함으로써 세계화의 영역을 구성한다. 결국 하나의 영역은 여러 단위의 규모가 상호작용한 결과인 셈이다.

지리와 역사를 연계해 세계화를 이해한다

제국주의 세력의 순환, 탈식민화, 세계화 자체의 내용과 방향성에 대해서도 이념적·정치적 대립으로 설명되는 것처럼 세계화는 역동적이고 불안정하며 분쟁적인 개념이다. 다시 말해 지역과 세계 차원에서 발생하는 권력 투쟁의 산물이다(제1·2차 세계대전 참조).

　따라서 '탈세계화'를 둘러싸고 서구 세계에서 벌어지고 있는 현재의 논의는 아시아 국가들의 부상에 직면한 서구의 헤게모니 역량이 쇠퇴하고 있다는 조짐으로 받아들일 만하다. 역설적으로 도널드 트럼프 대통령 집권 당시 미국은 세계화에 역행하는 방향으로 나아갔지만, 중국 정부와 공산당은 국제무대에서 세계화를 새롭게 주창하며 주도권을 강화하고 있다.

　지리사, 세계사 또는 지정학과 지경학 등에서 강조하듯이 세계화는 아주 오랜 세월 동안 이어져 온 지리와 역사의 통합 과정이다. 유럽은 물론 세계에서도 예외로 꼽히는 프랑스는 초·중등학교나 대학에서 역사와 지리를 긴밀하게 연계해 교육하고 있다. 물론 역사와 지리의 연계는 세계화를 이해하는 데 매우 유익한 것으로 판명되었으므로 환영할 만한 일이다.

현재나 미래 세계의 연결성과 초 이동성 등이 강조될수록 세계 차원의 물리적 거리 두기의 필요성도 더욱 대두된다. 지구는 '쓰고 지우기를 거듭한 양피지'와 같고, 이 양피지는 남아 있는 기록 그대로 연구하는 것이 적절하다. 바로 이것이 지리적 영역을 연구할 때, 몇 가지 역사적 사실이나 시간을 환기함으로써 지리사적 차원의 의미를 부여하고자 하는 이유이다.

세계화는 지구의 획일화가 아니고 재구성이다

인류는 24개의 시간대로 구분된 지구에 살고 있지만, 지구상의 모든 인간 사회는 같은 시간대를 살지 않는다. 지구는 계절이 정반대인 두 개의 반구로 구성된다. 표면의 70%는 바다로 덮여 있으며, 아직 자연 상태로 남아 있는 공간도 있지만 대부분 지역을 인간이 차지하고 있다.

때때로 위기 상황(1967년에서 1975년 사이 수에즈 운하가 여러 차례 폐쇄되면서 아프리카를 우회하게 되었다)이 발생하거나, 화산 폭발(2010년 4월 아이슬란드 에이야프얄라요쿨 화산)로 인해 항공 운항이 중단되거나, 해저케이블 절단 사고 등이 일어나면 우리 경제와 사회의 혈관과도 같은 물류시스템의 기술적 취약성이 드러난다. 곧 세계화의 시대를 살아가는 우리에게 거리의 제약이 사라지기는커녕 여전히 존재한다. 적도 부근과 남반구 인구의 3분의 1에서 절반이 적절한 교통시스템의 부재와 재정적 부담 때문에 지금도 매일 걸어서 이동하고 있는 것이 부정할 수 없는 현실이기도 하다.

세계화 과정은 지구의 획일화와도 거리가 멀다. 오히려 대륙과 대륙 사이, 국가와 국가 사이, 지방과 지방 사이의 공간적·시간적 차별화를 부추길 뿐이다. 해양 관광의 경우 인도네시아의 발리, 프랑스의 르그로뒤루아,

미국의 플로리다 해변 사이에서 공통점을 찾기는 어렵다. 그리고 세계의 석유 시장은 여전히 5~6개의 대륙을 중심으로 구성되어 있다. 특히 세계 3대 원유인 미국 서부의 텍사스유, 영국 북해의 브렌트유, 중동 두바이유는 원유 시장을 주도하며 원유 가격을 결정한다.

물론 세계화의 과정에서 여러 나라와 그 영역 간의 역학관계는 시티오브런던(영국 런던의 금융 중심지)에서 싱가포르까지, 로테르담(네덜란드에 있는 유럽 최대의 무역항)에서 아부다비(아랍에미리트의 수도이자 가장 큰 토후국)까지 특정 분야에서 서로 다른 궤적을 그리기도 한다. 예를 들자면 서아프리카 모리타니의 수도 누악쇼트와 중동의 두바이는 같은 위도에 있지만, 전혀 다르다. 세계화의 시대에 불평등하게 통합된 지구의 여러 영역이 상호의존성과 경제 규모에 따라 중심부, 주변부, 변방으로 재구성되고 있을 뿐이다.

세계화를 지도와 데이터로 설명하는 지포그래픽

4장으로 구성된 세계화의 세계는 도표와 함께 90여 개의 지도를 소개한다. 독자가 스스로 세계를 그려 보고, 분석하고, 이해하도록 돕는 것을 목표로 삼는다. 따라서 역사지리, 사회, 인구, 지정학, 지경학, 문화지리, 지리 환경 등 다양한 이해의 도구를 제공하는 한편, 세계화 및 탈세계화에 대한 전망을 제시하기에 가장 적합하고 관련성이 높은 지표와 데이터들을 선택했다.

이 지포그래픽을 통해 세계화의 지리적 조건과 역사를 다양한 지도와 정제된 데이터로 소개함으로써 단거리, 중거리, 장거리에서 끊임없이 상호작용하는 지구 차원의 동적시스템을 입체적으로 조망하게 될 것이다.

이 지포그래픽 시리즈의 과제는 다음과 같이 다양하다.

- 공공(정부, 지방자치단체, 국가연합, 국제기구) 또는 민간(초국적 기업이나 그 기업의 세계적 생산망, 사회 집단, 단체 등) 행위자의 유형, 목표, 논리, 행위 양상, 행동반경 등을 파악한다. 특히 지도와 데이터를 통해 이들의 공간 및 영역 전략을 철저히 분석할 수 있다.

- 각기 다른 기능을 지닌 특정 영역들(메트로폴리스와 의사 결정의 중심축, 항만 공동체, 생산 현장, 지배되거나 편입되거나 방치된 영역 등)을 파악하고 규정한다.

- 세계 공간을 구성하는 온갖 가시적 또는 비가시적 흐름(상품, 자본, 정보, 사람)을 파악한다. 그 과정에서 이 흐름의 성격을 비롯해, 그것이 어디서 와서 어디로 가는지를 설명하고, 이를 구현하는 물질적 지원의 결정적 역할, 이를 조직하는 행위자, 이에 가치를 부여하는 영역(허브, 항로, 해로, 해협 등)을 중점적으로 보게 된다.

- 다양한 입장과 관점에 따른 분석과 예측을 이용해 우리의 시선을 탈중심화, 탈서구화시킨다.

- 불평등, 이원론, 무력 행사, 성장방식의 지속 가능성, 공정성, 거버넌스, 인권 등 보편적 주제를 기준으로 세계화의 거대 담론을 살펴본다.

세계화의 세계가 다루는 네 가지 주제

다루는 주제가 방대하므로 이 지포그래픽 시리즈를 크게 네 부분으로 구성하기로 했다. 각 부분은 특정 주제를 대표한다.

1장에서는 세계 체제의 점진적인 출현을 특징으로 하는, 매우 오랜 기간에 걸친 지리사적 과정을 통해 세계화를 관찰한다. 세계 체제는 세계라는 규모와 범주에 중요한 역할을 부여한다. 이러한 맥락에서 지경학적, 지정학적, 지전략적 범주로 정의되는 세 가지 주요 세계화를 구분해 설명한다.

2장에서는 글로벌 생산시스템 개념을 둘러싼 사회적·지경학적 주요 요소들을 중심으로 진행되는 현대의 세계화를 소개한다. 이런 접근 방식을 통해 부, 성장, 개발의 지리적 특징과 환경을 다루며, 국제분업으로 생성된 관계들과 상호작용을 분석한다. 또한 부문별, 기능별로 다양한 접근을 통해 행위자의 역할과 게임을 강조한다.

3장에서는 지구의 각 영역이 세계화로 어떻게 편입되는지를 크게 두 가지로 나누어 분석한다. 첫째, 세계화가 각 영역에 미치는 영향 및 효과를 분석한다. 영역들은 중심부, 어느 정도 통합된 채 지배당하는 주변부, 그리고 상황에 따라 변동하는 변방 사이의 강력한 질서 체제로 특징지어진다. 둘째, 세계화로의 통합 방식을 지속해서 재구성하기 위해 고유의 전략을 구사하는 정치적, 경제적, 사회적으로 자율적인 구성체인 여러 영역이 나타내는 반응을 분석한다.

세계화 담론은 종종 국가를 평가 절하하고, 또 그 어떤 정치적 요소의 개입도 부인하는 경향이 있다. 반면 지리적 접근은 사람들과 세계 시민들이 자신들의 운명에 대한 집단적 선택을 일임하는, 근본적으로 정치적이며 지정학적인 과정이 바로 세계화라는 점을 강조한다.

마지막으로 4장에서는 21세기 초 현재 논의되고 있는, 미래를 둘러싼 주요 쟁점을 도출하는 데 집중한다. 따라서 4장은 문명에 대한 실질적인 질문을 제기하는 주요 주제를 중심으로 구성된다. 세계화 속에서 인권 증진 및 지속 가능한 개발, 즉 연대를 기반으로 하는, 진정으로 보편적이며 포용적이고 민주적인 프로젝트를 정의하는 것과 관련된 문제이기 때문이다.

1장

세계화의 3대 영역

세계화의 3대 영역은 지정학·지경학·지전략 체제

세계화는 비역사적 · 비지리적 · 비정치적인 영역과는 거리가 멀다. 세계화를 순수하고 추상적인 개념으로 받아들여서는 안 된다는 뜻이다. 세계화의 연원을 찾으려면 오히려 먼 과거로 거슬러 올라가야 한다. 따라서 지역을 벗어나 세계라는 규모에 점점 더 중요한 역할을 부여하는 세계 체제의 점진적 출현으로 특징지을 수 있다. 또 아주 오랜 세월 동안 지리사와 연계되는 과정으로서 분석하고 해석하는 것이 마땅하다.

물론 세계화의 과정은 기계적인 반복이나 단순함의 나열이 아니다. 오히려 구조적이거나 주기적으로 가속, 안정, 때로는 후퇴의 단계를 거친다(현재 이루어지고 있는 '탈세계화' 논의 참조). 따라서 각 역사적 단계는 세계의 공간을 지우고 덧쓰기를 반복한 양피지로 만드는, 특정한 지역과 시기의 특성들을 나타낸다. 그래서 세 가지 주요 개념으로 세계화의 영역을 구분해야 한다.

각 단계의 세계화는 지경학적 · 지정학적 · 지전략적 '체제'로 이해되어야 한다. 영역 역학, 동인(군사력 동원), 행위자(국가, 경제 주체 등) 그리고 유산은 종종 서로 겹치면서 현재 세계의 가장 뜨거운 이슈들을 포함해, 주요한 문제들을 이해하게끔 도와준다.

신석기 때 인류화 시작, 실크로드로 고대 문명 연결

지구의 인간화(humanisation)는 매우 장기적이고 점진적인 발달 과정을 거쳤다. 호모 에렉투스와 호모 사피엔스의 출현, 그리고 지구 인류화(anthropisation)의 전기가 되는 신석기 혁명과 같은 주요 돌파구를 동력으로 삼아 새로운 차원으로 발전한다. 그러나 장거리 이동이 어렵다는 점, 매우 한정적인 인구가 넓게 분포해 있다는 점, 행위자들이 세계적 규모를 인식하지 못했다는 점에서 세계화라는 용어를 사용하기에는 무리가 있다.

호모 사피엔스 등장 이후 신석기 때 인류화의 시작

초기 인류와 유인원의 구분은 구석기 시대(170만 년 전)에 아프리카로부터 중동과 유라시아로 확산한 호모 에렉투스(직립보행, 최초의 도구와 불의 사용, 장례 의식)의 출현을 계기로 삼는다. 그리고 기원전 31만 5000년 무렵, 아프리카에 남은 호모 에렉투스로부터 비로소 현생인류가 진화한다.

바로 호모 사피엔스가 등장한 것이다. '지혜가 있는 사람'이라는 뜻을 가진 호모 사피엔스는 구석기 문화를 발생시키고, 두 발로 직립보행을 했다는 설이 있는데 확실하지는 않다. 다만 호모 사피엔스는 기원전 10만 년에서 6만 년 사이에 진화를 하면서 아프리카를 떠나 중동을 거쳐 유라시아 등 지구 곳곳으로 퍼져 나갔다.

이렇게 육로와 해로를 통해 인류가 지구 전체로 퍼져나간 것은 빙하 및

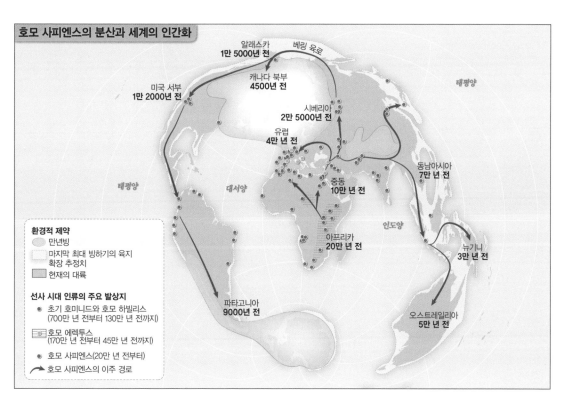

호모 사피엔스의 분산과 세계의 인간화

알래스카
1만 5000년 전

베링 육로

캐나다 북부
4500년 전

태평양

미국 서부
1만 2000년 전

시베리아
2만 5000년 전

유럽
4만 년 전

동남아시아
7만 년 전

중동
10만 년 전

태평양

대서양

인도양

뉴기니
3만 년 전

아프리카
20만 년 전

환경적 제약

만년빙

마지막 최대 빙하기의 육지
확장 추정치

현재의 대륙

선사 시대 인류의 주요 발상지

초기 호미니드와 호모 하빌리스
(700만 년 전부터 130만 년 전까지)

호모 에렉투스
(170만 년 전부터 45만 년 전까지)

호모 사피엔스(20만 년 전부터)

호모 사피엔스의 이주 경로

파타고니아
9000년 전

오스트레일리아
5만 년 전

해수면의 변화와 밀접한 관계가 있다. 그렇지만 전 과정은 긴 세월 동안 진행되었으며, 여러 지역으로 이동한 인원도 상당히 제한적이었다.

빙하기 말 해수면이 상승하면서 고립된 남·북아메리카 대륙은 콜럼버스가 신대륙을 발견한 1492년에 이르러서야 다시 유라시아 대륙과 연결되었다. 반면 아시아태평양 지역에서는 오스트로네시아인들이 뛰어난 항해술을 바탕으로 기원전 4000~3000년경 타이완을 기점으로 해서 필리핀과 인도네시아 등 동남아시아 섬 지역과 미크로네시아, 멜라네시아, 폴리네시아 등 남태평양의 섬을 가득 채우게 되었다.

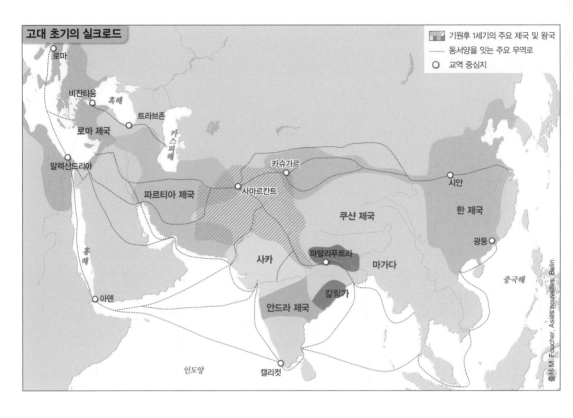

고대 초기의 실크로드

기원후 1세기의 주요 제국 및 왕국
······ 동서양을 잇는 주요 무역로
○ 교역 중심지

로마
비잔티움
흑해
트라브존
로마 제국
카스피해
알렉산드리아
파르티아 제국
카슈가르
사마르칸트
시안
쿠샨 제국
한 제국
광둥
홍해
사카
파탈리푸트라
마가다
중국해
아덴
안드라 제국
칼링가
인도양
캘리컷

출처: M. Foucher, Asies nouvelles, Belin.

　　기원전 1만~5000년에 걸쳐 이루어진 신석기 혁명으로 인류와 인류를 둘러싼 환경에 근본적인 변화가 일어났다. 효율적인 생산도구를 활용하게 되면서 수렵, 채집 생활에서 벗어나 중국 북부 및 남부 지역과 중동, 안데스산맥, 중앙아메리카, 뉴기니, 아프리카 등 여러 지역에 정착해 농작물을 재배하고 가축을 기르게 된 것이다.

　　이러한 변화는 인구 급증(1억 명), 새로운 질병(결핵, 천연두, 홍역, 페스트 등)의 출현, 새로운 기반에서의 외쿠메네, 즉 인간의 거주가 가능한 지역의 개발로 이어졌다. 이것이 바로 지구 전체에 걸쳐 이루어진 인류화의 시작

세계화의 세계

이다.

정착과 집단생활을 통해 부의 축적이 이루어지고, 문자의 탄생과 도시 문명(기원전 3500년경 우루크 등의 발달), 국가의 조직, 노동의 전문화, 예전보다 불평등하고 호전적인 사회들 사이의 교류 등 범지구적 차원의 변화가 급물살을 타기 시작했다.

유라시아는 기원전 수천 년 전부터 실크로드로 연결

이러한 인구·경제·정치적 변화가 누적되면서 고대 문명의 발상지들(근동 및 중동, 인도, 중국, 지중해 연안 유럽, 서유럽)이 서로 연결된 상태에서 독립적으로 발전하기 시작했다. 중앙아메리카와 안데스 지역이 서로 아무런 교류 없이 고립된 상태로 남아 있던 것과는 달리, 유라시아는 기원전 수천 년 전부터 대륙으로 연결된 상태였다.

지중해 연안과 유럽 전역을 통일한 로마 제국을 중심으로 동쪽으로는 중국 및 인도 대륙과 남쪽으로는 아프리카 사하라 이남 지역과 연결하는 교역로 덕분에 유라시아는 문화와 물자를 교환할 수 있는 하나의 통일된 공간 체제가 만들어졌다.

인류 문명의 역사를 바꿨다고 해도 과언이 아닌 '실크로드'는 130여 년 전인 근세에 들어 독일의 지리학자 페르디난트 폰 리히트호펜(Ferdinand von Richthofen)이 처음으로 만들어 낸 말로 유명하다.

그는 1868년부터 4년 동안 여러 아시아 국가를 방문한 뒤 독일로 돌아가 4권의 저서를 펴냈다. 그 가운데 한 권에서 중국의 주요 수출품이 비단이라는 사실을 기술하면서 그 교역로를 실크로드, 즉 비단길이라고 명명했다.

고대의 육상 무역로였던 이 실크로드는 중국 대륙과 중앙아시아, 유럽을 잇는 루트로, 주로 소그디아나와 파르티아가 중간 매개 역할을 했다. 또한 그들의 통제를 받는 도시 부하라와 사마르칸트 등을 중심으로 활동하는 대상들이 교역의 주역이었다.

뿐만 아니라 여름과 겨울에 바람의 방향이 크게 바뀌는 계절풍을 활용한 주요 해상 무역로들 덕분에 인도양이 지중해, 동아프리카, 페르시아만 및 아시아를 연결하는 교역의 중심지로 부상했다.

실크로드와 해상 교역로를 통해서 여러 나라들의 비단, 진주, 금, 도자기, 향신료, 모피, 금속 제품, 이국적인 동물 또는 말 등 부가가치가 높은 사치품이 주로 거래되었다.

당시 교역로를 통해 이동한 것은 물자만이 아니었다. 교역로라는 출구를 따라 정치적 · 문화적 · 예술적 · 과학적(수학, 천문학, 의학 등) 또는 종교적인 (네스토리우스교, 이슬람교, 불교 등) 선진 문명과 여러 종교가 전파되었으며, 나라마다 이런 흐름으로 큰 영향을 받았다.

결국 실크로드는 치명적인 전염병의 확산(1346년 유럽 동부에서 시작된 흑사병 등)에도 결정적인 원인을 제공했다고 볼 수 있다.

중국은 대제국 시대(기원전 1세기 한나라, 7세기 당나라, 10세기 말 송나라, 15세기 명나라)를 비롯해, 마르코 폴로가 1271년부터 1295년까지 쿠빌라이 칸의 특사 자격으로 각지를 여행한 기록이 증명하듯 유라시아 체제를 하나로 잇는 데 견인차 구실을 했다.

한편 이슬람교가 창시된 7세기 이후 중동 지역에서는 이슬람 세력의 확장과 더불어 투르크의 부족장이었던 23세의 오스만이 건국해 아시아, 아프

세계화의 세계

리카, 유럽에 걸친 대제국을 이루고 1923년에 튀르키예(터키)공화국이 세워질 때까지 600년 동안 세계적인 명성을 떨친 오스만 제국(1299~1922)이 출현했다.

뿐만 아니라 이렇게 많은 부분이 첨예하게 대립하는 세계 속에서 유럽인들은 '인도'로 갈 수 있는 새로운 대서양 항로를 모색하게 되었다.

첫 번째 세계화(15세기)– 대항해 시대의 개막

최초의 세계화는 15세기 대항해 시대부터 전개된다. 이전까지 유라시아에서 고립되어 있던 아메리카 대륙들이 유럽의 해양 세력에 정복당하면서 신석기 혁명 이후 처음으로 모든 대륙이 서로 연결된 것이다. 이렇게 세계가 하나로 묶이면서 치열한 경쟁 관계 속에서 강력한 식민제국들이 등장하고, 이 현상은 이후 4세기 동안 지속될 서구 세계의 패권을 알리는 신호탄이 되었다.

유럽 열강이 아메리카와 아프리카 대륙에 식민지 개척

동쪽으로 오스만 제국에 가로막혀(오스만 제국의 콘스탄티노플 함락은 1453년에야 이루어졌다) 아시아로 접근할 수 없었던 에스파냐와 포르투갈은 대서양 항로 개척으로 눈을 돌렸다. '향료의 보고' 인도로 향하는 새로운 항로를 발견해 향신료(후추, 계피, 정향, 생강, 사프란 등)의 무역 독점권을 확보하기 위해서였다.

바르톨로뮤 디아스가 1487년 아프리카의 희망봉을 돌아 항해하는 동안 크리스토퍼 콜럼버스는 1492년 아메리카 대륙들을 발견하고, 바스쿠 다가마는 1498년 인도에 도착했다. 페르디난드 마젤란은 1519~1522년 동안 최초로 세계 일주를 완성하면서 이전까지 알려져 있던 세계의 영역을 확장하는 데 결정적인 역할을 했다.

세계화의 세계

포르투갈은 아프리카의 대서양 연안 지대를 먼저 탐사한 뒤 브라질, 모잠비크, 잔지바르에 정착한 이후, 아프리카와 아시아의 수많은 교역소(엘미나, 상투메, 무스카트, 고아, 믈라카, 마카오 등)를 해상무역의 거점으로 삼았다. 인도양 및 아시아에서는 기존의 교역망을 편입하는 한편, 이 지역에서 중국의 철수를 자국에 유리하게 이용했다.

명나라 영락제의 명령을 받은 정화 제독은 1405~1433년에 걸쳐 일곱 차례나 해외 원정을 떠나 인도, 페르시아, 아프리카까지 항해하는 등 해외 시장 개척에 나서기도 했다. 하지만 여러 내외적 요인(만리장성 개축, 난징에서

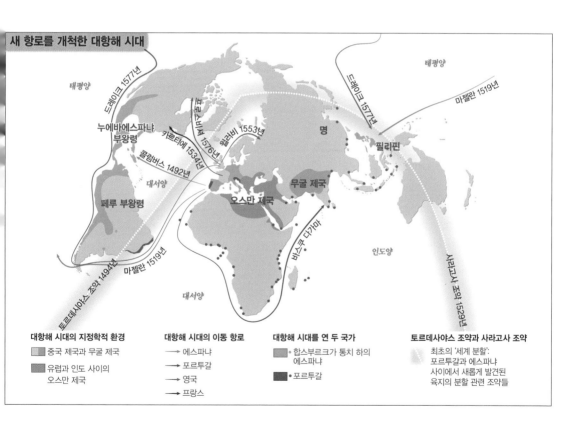

새 항로를 개척한 대항해 시대

대항해 시대의 지정학적 환경
■ 중국 제국과 무굴 제국
■ 유럽과 인도 사이의 오스만 제국

대항해 시대의 이동 항로
→ 에스파냐
→ 포르투갈
→ 영국
→ 프랑스

대항해 시대를 연 두 국가
■ 합스부르크가 통치 하의 에스파냐
■ 포르투갈

토르데시야스 조약과 사라고사 조약
최초의 '세계 분할': 포르투갈과 에스파냐 사이에서 새롭게 발견된 육지의 분할 관련 조약들

베이징으로 수도 천도 등)으로 인해 해양을 통한 중국의 세계 진출은 좌절되었다.

에스파냐와 포르투갈 사이의 식민지 경쟁

에스파냐의 카를로스 1세는 멕시코 중앙고원에 있던 아스테카 제국을 정복한 후 1535년에 멕시코시티에 누에바에스파냐 부왕령을 설치했다. 또한 페루의 잉카 제국이 멸망하자 1542년에는 리마를 중심으로 페루 부왕령도 설치했다. 그런 후 누에바에스파냐 부왕령과 페루 부왕령을 중심으로 광대한 제국을 건설하고 파나마 이남 지역까지를 모두 손에 넣었다.

한편 1550년 바야돌리드에서 역사적 논쟁이 벌어졌다. 그 주제는 '인디오들을 인간으로 인정할 것인가?'였다. 치열한 논쟁 끝에 '인디오에게도 이성과 문화가 있으며 우리와 같은 하느님의 자녀이니 인디오들을 노예로 삼거나 가혹한 처우를 해선 안 된다'라는 결론을 내린다. 이에 따라 인디오를 노예로 만드는 모든 행위를 불법화한다.

에스파냐는 중앙아메리카와 남아메리카 대륙을 점령한 이후 태평양을 건너 필리핀까지 진출했다. 1571년부터는 에스파냐의 대항해 시대 무역을 이끈 갤리언선들이 안달루시아의 카디스항과 필리핀의 마닐라항, 멕시코의 아카풀코항을 연결하게 된다.

에스파냐와 포르투갈 사이의 식민지 경쟁은 로마 교황청이 중재에 나설 정도로 치열했다. 토르데시야스 조약(1494년)과 사라고사 조약(1529년)의 결과, 세계는 최초로 식민지 확장에 나선 두 제국의 영향권으로 분할된다. 당시 유라시아의 러시아 제국이 시베리아 정복에 나서는 가운데, 16~18세기의 유럽에서는 새로운 열강(영국, 프랑스, 네덜란드)이 식민지 경쟁에 뛰어들어 전쟁과 정복을 거듭하고 동인도회사 등 전문회사를 설립하는 등 세계 곳곳에 자국의 군사력을 투입했다.

1480~1780년의 대항해 시대 유럽 탐험가들은 서구 열강의 지원을 받아 바다 및 대륙 일부를 발견하고 지도를 제작해 새로운 항로 개척과 함께 식민지 확대에도 많은 영향을 미쳤다. 그리고 북극의 바렌츠해, 캐나다의 허드슨만, 그린란드의 배핀만, 베링해, 윌리스 제도, 쿡 제도 등과 같이 탐험가의 이름을 딴 지명들이 속속 등장했다. 심지어 인간의 접근이 매우 어려운 공간들까지도 지도에 포함될 정도로 미지의 세계를 찾기 위한 탐험 활동은 활발했다.

첫 번째 세계화는 설탕의 생산과 물류시스템 구축

이런 대항해 시대 이후 초기의 세계화 움직임은 세계를 뒤덮은 자연 공간과 인간 공간 사이의 전문화와 보완재의 논리에 기초한 새로운 국제분업의 밑그림을 그린다. 16세기 대항해 시대에 본격적으로 구축하기 시작한 세계화 체제는 21세기까지 이어질 세계 경제의 토대를 마련하는 방대한 사업이었다.

유럽 대도시에 필요한 각종 원료를 비롯해 농산물과 광물 생산을 식민지가 전담하게 되었다. 1545년 남미 볼리비아의 포토시 은광 발견 이후 아메리카 대륙의 광산에서 채굴된 금과 은이 이베리아반도를 지나 유럽과 중국

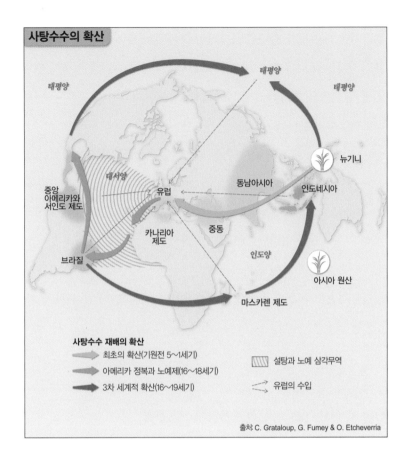

사탕수수의 확산

태평양

태평양

태평양

뉴기니

대서양

중앙
아메리카와
서인도 제도

유럽

동남아시아

인도네시아

카나리아
제도

중동

브라질

인도양

아시아 원산

마스카렌 제도

사탕수수 재배의 확산

➡ 최초의 확산(기원전 5~1세기)

➡ 아메리카 정복과 노예제(16~18세기)

➡ 3차 세계적 확산(16~19세기)

▨ 설탕과 노예 삼각무역

↗ 유럽의 수입

출처: C. Grataloup, G. Fumey & O. Etcheverria

으로 다량 유입되면서 세계 경제에도 큰 영향을 미쳤다. 사탕수수, 토마토, 옥수수, 바닐라, 바나나, 감자, 인디고, 카카오, 커피, 차, 담배, 면화, 고무 등 새로운 식물이 원산지를 떠나 세계 각지로 전파되는 등 경작지 확대 현상도 관찰되었다.

이런 맥락에서 '하얀 금 또는 갈색 금'이라고 불린 설탕의 생산시스템이 역사적으로 세계화의 선구적 역할을 하게 된다. 뉴기니에서 처음 재배된 사탕수수는 기원전 1세기에 중동으로 건너갔다. 또한 유럽의 설탕 수요가

세계화의 세계

폭증하면서 노예제를 기반으로 노동력을 동원하는 사탕수수 재배시스템은 15세기부터 브라질과 카리브해 일대로 옮겨갔다. 실제로 6,000만~8,000만 명에 달하던 아메리카 원주민 중 80~90%가 대항해 시대 이후 세균성 전염병(홍역, 천연두 등)에 노출되어 대거 사망하면서 노동력 수요는 폭발적으로 늘어났다. 반대로 세균에 의한 세계화의 상징인 매독은 크리스토퍼 콜럼버스의 첫 번째 원정 이후 유럽으로 전파되었다.

브라질의 노예제는 1888년에 가서야 폐지되었다. 늘어난 수요를 충족시키기 위해 노예무역(사하라 이남 아프리카, 아메리카, 유럽 사이의 대서양 삼각무역의 일환)을 통해 아프리카 흑인 1,000만 명이 노예로 끌려갔다.

심지어 7세기경에도 이슬람의 노예무역으로 수백 년에 걸쳐 아프리카 흑인 1,300만~1,700만 명이 노예로 거래된다. 결국 아프리카 노예를 동원한 아메리카 대륙의 설탕 생산시스템은 16세기 세계 무역에서 가장 높은 수익성을 자랑했고, 나중에 미국 동남부 지역의 면화 생산시스템의 발전에도 큰 영향을 미쳤다.

두 번째 세계화(1830~1970)- 서구의 식민제국 시대

두 번째 세계화는 지구 전체로 확대된다. 세계화의 바람이 남반구에는 1911년에 도달했다. 세계 영토 전체의 4분의 3을 차지하는 새로운 유형의 광대한 식민제국의 등장이 그 특징이다. 하지만 세계를 새롭게 나누려는 제국 간의 첨예한 경쟁 관계는 결국 20세기에 제1차(1914~1918년), 제2차(1939~1945년) 세계대전의 발발로 이어졌다. 한편 아프리카의 포르투갈 식민제국은 1975년에야 무너졌다.

교통혁명과 국제무역으로 세계 식민지 지배

19세기 서구 열강은 자원과 시장을 찾아 식민지의 거센 저항에도 불구하고 비서구 세계에 정치적·경제적·사회적·언어적·문화적 지배를 강요했다. 식민지 지배 방식은 차별화된 역사적 배경에 따라 직접적 지배(식민지, 조차지, 자치령, 보호령, 속령) 혹은 간접적 영향권(라틴아메리카에 대한 미국의 영향력과 1823년 먼로 독트린)으로 이루어졌다.

두 번째 세계화는 첫 번째 세계화를 주도한 절대왕정 체제의 제국들과 비교해 전혀 새로운 방식으로 진행되었다. 첫째, 교통혁명(증기선, 냉각장치, 철도, 통신기 등)으로 비용이 감소하면서 정보 및 상품의 유통이 가속화되었다. 둘째, 국제무역과 자본의 이동이 급증했다. 셋째, 국제은행 네트워크 및 초국적 기업이 등장했다. 1860~1913년 사이 세계 전체 부에서 서방 국

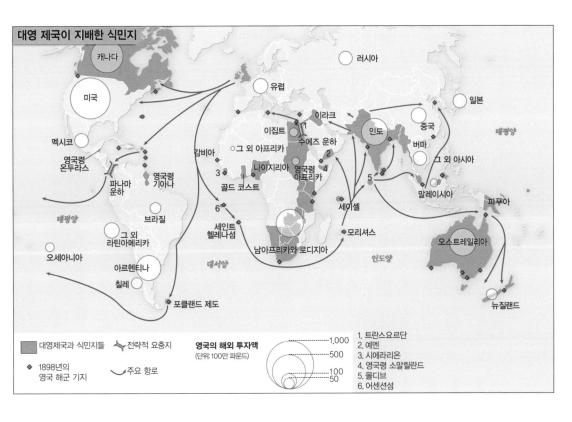

캐나다

러시아

미국

유럽

일본

멕시코

이라크

중국

태평양

영국령
온두라스

이집트

인도

버마

파나마
운하

감비아

수에즈 운하

그 외 아프리카

그 외 아시아

영국령
기아나

나이지리아

영국령
아프리카

말레이시아

골드 코스트

태평양

브라질

세이셸

파푸아

그 외
라틴아메리카

세인트
헬레나섬

모리셔스

오스트레일리아

오세아니아

아르헨티나

인도양

칠레

대서양

남아프리카와 로디지아

포클랜드 제도

뉴질랜드

대영제국과 식민지들 　전략적 요충지

영국의 해외 투자액
(단위: 100만 파운드)

1,000

500

100
50

1. 트란스요르단
2. 예멘
3. 시에라리온
4. 영국령 소말릴란드
5. 몰디브
6. 어센션섬

1898년의
영국 해군 기지　주요 항로

가들이 차지하는 비중은 52%에서 75%로 증가했다.

식민 지배와 산업의 발달로 이른 시기에 인구 변천을 겪게 된 유럽의 인구는 1800~1910년 사이 1억 2,300만 명에서 2억 9,400만 명으로 1억 7,100만 명이 증가하고, 4,000만 명의 이민자가 유럽을 떠났다. 여러 가지 사정으로 본국을 떠나 식민지로 이주하는 예도 많았는데, 특히 정착형 식민지(캐나다, 오스트레일리아, 뉴질랜드 등)를 비롯해 미국으로 이주한 인구가 압도적으로 많았다. 착취형 식민지로 이주한 인구(1938년 기준 유럽인 270만 명)는 전체 이주 인구의 0.4%에 불과할 정도로 미미했다.

영국은 산업혁명을 주도하며 세계 최강국으로 등극

아시아에서는 1839년과 1856년 두 차례에 걸쳐 영국과 아편전쟁 끝에 패한 중국이 어쩔 수 없이 무역항을 개방하는 등 서구 열강의 먹잇감으로 전락했다. 일본은 1868년 메이지유신으로 근대화에 박차를 가하는 한편, 1905년 러시아와의 전쟁에서 승리하며 식민제국(대만, 조선, 만주 병합)의 대열에 동참했다.

1884년 베를린 회의에서는 서양 열강(영국, 독일, 러시아, 오스트리아, 프랑스, 오스만 제국, 이탈리아)이 아프리카 대륙의 식민지 분할을 공식화했다. 아메리카 대륙에서는 미국이 1898년 에스파냐를 몰아내고 푸에르토리코와 필리핀을 차지하면서 태평양을 '미국의 호수'로 탈바꿈시켰다.

유럽에서는 워털루 전투에서 영국·프로이센 연합군이 프랑스 군대를 격파함으로써 세계 패권을 둘러싸고 1755년부터 1815년까지 이어진 영국과 프랑스의 대립이 비로소 막을 내렸다. 빅토리아 시대(1837~1901년) 영국은 산업혁명을 주도하며 세계 최강국으로 등극했다.

1880년 영국은 상업 및 산업 최강국(전 세계 공산품 생산의 23%를 점유), 시티 오브 런던을 중심으로 한 금융 최강국이자 투자 최강국으로 군림하게 되었다. 4억 명(세계 인구의 25%)에 달하는 대영 제국의 인구는 지구 육지 면적의 4분의 1을 차지해 '해가 지지 않는 나라'의 지배자가 되었다.

영국의 땅이 된 인도 대륙을 비롯해 자치령, 식민지, 보호령과 속령 등 다양한 형태의 통치 지역은 막강한 영국 해군이 통제하는 주요 무역로로 연결된 해상 거점의 역할을 톡톡히 했다.

세계화의 세계

20세기 전반 두 차례 세계대전으로 새 세계 질서 태동

하지만 20세기 초 유럽 제국주의 국가들 사이의 식민지 쟁탈전이 치열해지면서 세계 차원의 전운이 감돌기 시작했다. 1871년 수립된 독일 제국이 신흥 강자로 등장해 세계를 새롭게 분할하기 위해 곳곳에서(아프리카, 유럽, 중동 등) 기존 강대국과 충돌하면서 제1차 세계대전(사망자 1,000만 명, 부상자 2,000만 명)이 발발했다.

전쟁으로 황폐해진 유럽의 열강은 세력이 크게 약화하였고, 독일, 오스트리아 · 헝가리, 오스만, 러시아 등 여러 제국이 한꺼번에 무너졌다. 폐허로 변한 유럽 대륙에서 1917년 사회주의 혁명에 성공한 소비에트사회주의공화국연방(통칭 소련)이 등장했다.

제1차 세계대전을 계기로 미국이 영국에 이어 새롭게 세계 최강국으로 부상하는 한편, 1920~1930년대에는 탈세계화의 움직임이 나타나기도 했다. 각 강대국이 세력을 확장하는 대신 자국만의 식민지 지배에 다시 집중하게 된 것이다.

1929년 세계 대공황과 세계 경제 및 금융 체제의 붕괴는 독일의 나치즘, 이탈리아와 유럽 일부의 파시즘, 일본의 군국주의 등 민족주의를 앞세운 새로운 제국 세력의 등장을 부추겨 제2차 세계대전 발발로 이어졌다.

유럽의 유대인 학살로 상징되는 히틀러의 반인륜적 범죄는 세계적인 차원의 전쟁, 즉 제2차 세계대전으로 확전되었고, 61개국에서 1억 명 이상의 병사가 참전해 약 6,200만 명이 목숨을 잃은 대참사가 빚어졌다.

지전략적 차원에서는 미국이 2개의 원자폭탄을 1945년 8월 6일과 9일 각각 일본 히로시마와 나가사키에 투하함으로써 세계대전의 종지부를 찍었

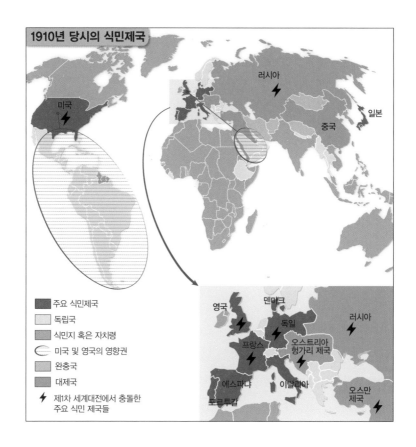

1910년 당시의 식민제국

- 주요 식민제국
- 독립국
- 식민지 혹은 자치령
- 미국 및 영국의 영향권
- 완충국
- 대제국
- ⚡ 제1차 세계대전에서 충돌한 주요 식민 제국들

러시아 / 미국 / 중국 / 일본

영국 / 덴마크 / 독일 / 러시아 / 프랑스 / 오스트리아 헝가리 제국 / 에스파냐 / 이탈리아 / 포르투갈 / 오스만 제국

지만, 인류는 핵전쟁 시대로 진입해 새로운 유형의 군비경쟁을 벌이게 되었다. 소련은 1949년, 영국은 1952년, 프랑스는 1960년, 중국은 1964년에 핵무기를 보유하게 되었다.

핵보유국은 이제 핵무기를 전면전에 사용할 수 없다. 지구와 인류가 완전한 파괴의 위험에 처하는 것을 막기 위해서이다. 핵무기 경쟁은 1945년 새롭게 세계 최대 강국으로 부상한 미국과 소련이 벌이는 냉전의 특징(일명 공포의 균형)을 잘 설명해 준다.

그러나 유엔, 국제통화기금(IMF), 세계은행, 관세무역일반협정(GATT) 등 새로운 국제기구들이 창설되어 세계 차원의 경제적 발전과 평화에 이바지하게 된 것 또한 제2차 세계대전 이후의 일이다.

세 번째 세계화(1970~1991)- 동서 냉전과 양극 체제

1945~1975년 사이 미국과 소련의 군사 경쟁, 탈식민지화, 제3세계의 출범으로 서구의 지배가 흔들리게 되었다. 그러나 서구의 주요 국가들은 1970~1980년대에 세계화의 새로운 국면을 주도함으로써 패권 기반을 재건했다. 바로 신보수주의, 극단적 자유주의, 글로벌 금융시스템에 바탕을 둔 세계화가 시작된 것이다. 이런 적극적인 공세의 결과, 1989~1991년 사이 소련과 공산 진영이 붕괴하고, 2007년에는 글로벌 금융위기가 발생했다.

서구의 식민 지배 붕괴로 탈식민지화와 제3세계 출현

1945년부터 1975년까지 불과 30년 만에 강력한 반식민주의 운동에 힘입어 아프리카, 중근동 및 그 외 아시아 지역에서 과거의 식민 지배가 붕괴했다. 협상 또는 치열한 투쟁을 통해 쟁취(1947년 인도)하거나, 오랜 독립전쟁(1945~1973년 베트남, 1954~1962년 알제리, 1975년 앙골라와 모잠비크)을 통해 얻어낸 값진 성과였다. 그리고 중국에서는 1949년 마오쩌둥의 공산당이 정권을 장악했다.

한편 미국과 소련이 대립하던 냉전 시대 서구권과 공산권의 양극화 논리에 직면한 신생 독립 국가들은 어느 쪽에도 동조하지 않는 중도를 모색했다. 아프리카 및 아시아 28개국이 1955년 반둥회의로 제3세계의 노선을 천명한 것이 대표적인 예이다.

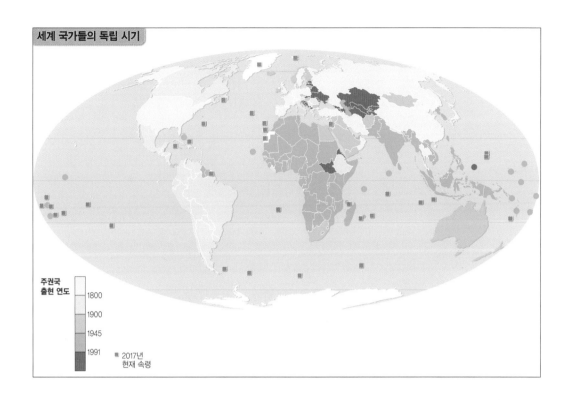

세계 국가들의 독립 시기

주권국
출현 연도
1800
1900
1945
1991   ■ 2017년
현재 속령

    결국 이렇게 해서 제3세계의 존재가 주목받았다. 그렇다고 해서 정치적
주권 선언이 곧 경제적 주권의 확보를 의미하는 것은 아니었다. 1960년 중
동의 석유수출국기구(OECD) 결성 등 자립 시도와 1970년대 세계 경제질서
의 새로운 구축에도 불구하고, 신생 독립국들은 여전히 신식민지 성격의
지배 관계에 놓여 있었기 때문이다.

    국제관계의 지각 변동 과정은 1970~1990년대에도 가속화되었다. 이 현
상은 카리브해나 태평양 지역의 탈식민지화(1979년 키리바시, 1980년 바누아
투, 1997년 사모아 등) 또는 동유럽 연방국들의 붕괴(소련, 유고슬라비아, 체코
슬로바키아)로 인한 것이었다.

이렇듯 세계화 속에서 지구촌은 다양한 변화를 겪고 있다. 2021년을 기준으로 전 세계 주권국은 200여개 나라에 달하며, 그 가운데 195개국(팔레스타인, 바티칸시국 포함)은 UN 회원국이다.

미국과 소련이 군사적으로 대립하는 양극 세계

1945년부터 1991년 사이 국제질서는 두 초강대국, 즉 미국과 소련 간의 정치적·이데올로기적·지경제적·지전략적 대립의 영향을 받았다. 제2차 세계대전 이후 동서 진영과 두 개의 제국주의적 체제가 형성된 시기이기도 하다. 제2차 세계대전 당시 수백만 명의 죽음으로 인해 국력이 약화한 소련은 1945년부터 1948년 사이 중유럽과 동유럽에서 군사력을 앞세워 지배력을 확장함으로써 완충지대(바르샤바 조약, 코메콘)를 확보했다.

광대한 영토를 가진 사회주의 제국 소련에 맞서, 세계 최강국이 된 미국은 군사 동맹 체제인 북대서양조약기구(NATO), 동남아시아조약기구(SEATO), 중앙조약기구(CENTO) 등과 자본주의 시장경제의 확장을 기반으로 그물과도 같은 경제공동체를 구축했다. 미국이 새로운 국제질서를 재편하고 주도한 것은 소련의 영향력을 저지하고 격퇴하기 위해서였다.

냉전 시대에는 핵무기로 인해 강대국 사이에 직접적 충돌이 발생하지는 않았다. 그런데 지정학적 요충지라 할 만한 주변부에서는 간접적 충돌(1946~1949년 그리스 내전, 1950~1953년 한국전쟁, 1960~1975년 베트남전쟁, 1956년 수에즈 운하 위기, 1962년 쿠바 위기, 1979년 이란혁명 등)이 끊임없이 되풀이되었다.

제3세계의 비동맹국과 반둥회의

대서양
태평양
태평양
대서양
인도양

베오그라드
1961년과 1989년

일제
1973년

카이로
1964년

샤름 엘 셰이크
2009년

테헤란
2012년

아바나
1964년과 2006년

카르타헤나
1995년

포를라마르
2016년

뉴델리
1983년

콜롬보
1976년

쿠알라룸푸르
2003년

반둥
1955년

자카르타
1992년

루사카
1970년

하라레
1986년

더반
1998년

◉ 반둥회의 개최지

⬜ 1955년 반둥회의 참가국

⬛ 1955년 당시 비독립국

▭ 비동맹 운동 회원국 또는 옵서버 국가

◆ 1961~2016년 비동맹 운동 정상회의

반둥회의란?
미국의 자본주의나 소련의 사회주의에 속하지
않은 아시아, 아프리카의 신흥 독립국들이
연대를 모색한 회의.

　동서의 양대 제국은 직접적인 영향권 아래에 있는 지역들의 지정학적 질서 유지에도 특히 주의를 기울였다. 소련의 영향권에 놓인 국가들의 자유화 움직임(1948년과 1968년 프라하의 자유화 운동, 1953년 동베를린 인민 봉기, 1956년 헝가리 혁명, 1948년과 1956년 폴란드 자유화 운동)과 함께 미국의 영향권인 국가들의 정권 교체(1954년 과테말라, 1973년 칠레, 1979년 니카라과, 1983년 그레나다 등)는 주로 독재 체제 아래에 있던 라틴아메리카를 중심으로 일어났다. 아프리카의 경우 식민 시대 붕괴 이후에도 프랑스가 군사 개입과 내정 간섭을 계속하며 식민 지배 당시의 존재감을 유지했다.

　양대 강국 사이에 1970년대의 소강상태가 지난 뒤, 1980년부터 1990년대에 본격적인 신냉전이 전개된다. 미국은 소련을 상대로 군비경쟁을 재개해, 침체한 국내 경제와 외교적 수세(1979년 아프가니스탄 침공)로 인한 어려움에 부닥쳐 있던 소련을 점차 붕괴의 위기로 몰아갔다.

고르바초프는 1985년 뒤늦게 내부 개혁을 시도하지만, 이는 오히려 국가 붕괴의 촉매 역할을 하게 된다. 결국 소련은 붕괴를 맞이해 1991년 12월 공식적으로 해체되었다. 소련의 붕괴에 교훈을 얻은 중국 공산당은 개방 정책 이후 민주화운동인 1989년의 톈안먼 사건을 무력으로 진압해 전 세계에 충격을 주었다.

미국의 국제 금융시스템 구축으로 본격적인 세계화

소련과 동유럽 사회주의 체제의 해체는 1991년 이후 미국 중심으로 세계 질서가 재편되는 결과로 이어졌다. 세계 유일의 초강대국으로 부상한 미국은 세계 질서 유지의 명분으로 군사 개입(1995년 당시 유고슬라비아 내전과 1999년 코소보 내전, 1991년 걸프전쟁과 2003년 이라크전쟁, 1992년 소말리아 내전, 1996년 아프가니스탄 분쟁 등)에 나서면서 지역 분쟁의 해결사를 자처했지만 많은 후유증을 남겼다.

영국에서 마거릿 대처(1979~1990년)가, 미국에서는 로널드 레이건 (1981~1989년)이 집권하면서 세계화는 신보수주의, 급진적 자유주의, 금융 시스템의 통합이라는 새로운 국면으로 접어들게 된다.

규제 완화와 민영화 등 급진적 개혁을 내세운 영국식 혁명은 서구의 세계 지배 체제 재건을 목표로 삼았고, 미국도 1980년부터 2000년대까지 새로

세계화의 세계

운 국제 금융시스템을 구축해 개발도상국을 포함하려는 조치들을 세계 곳곳에서 전개했다.

이러한 국제금융 혁명과 함께 미국식 시장경제를 개발도상국의 발전 모델로 삼는다는 워싱턴 합의를 주도한 주체는 물론 경제·금융 영역의 대표적 국제기구들(IMF, WTO, OECD, 세계은행 등)이었다. 국민 국가 간의 재화와 서비스 교환을 기본으로 하는 국제 경제에서 외국인직접투자(FDI), 글로벌 차원의 생산 활동, 점점 더 투기적으로 변해가는 금융 자본의 지리적 이동성을 우선시하는 다국적 경제 체제로의 변화가 이루어진 것이다.

다국적 경제 체제와 일원화된 금융시스템으로 각국이 서로 더 밀접해졌으나 비대칭적 상호의존성을 보이는 세계 경제의 출현은 불가피했다. 이 불안정한 체제는 결국 여러 차례에 걸친 세계적인 규모의 금융 및 경제 위기를 유발했다. 또한 2007년부터 2008년 사이에는 서구가 주도하는 금융 시스템이 붕괴하면서 1929년 이후 가장 심각한 경제적·사회적 대혼란이 전 세계를 덮쳤다.

탈서구화와 탈세계화로
21세기 다극 체제 등장

21세기로 진입하면서 국제질서는 다극 체제로 굳어진다. 새로운 세기를 맞이한 지정학적 분기점은 서방 강국들의 약화, 새로운 세계 또는 대륙 강대국의 출현에 근거를 두고 있다. 이 국제 체제는 불분명하거나 혼란스러운 것이 아니라 새로운 권력 및 이해관계의 상충을 기초로 한다. 이에 따라 우리는 세계가 얼마나 복잡한 구조인지를 다시 생각하게 된다.

서구 패권이 쇠퇴하면서 지역 내 신흥 강국 등장

서구 패권이 상대적으로 쇠퇴하면서 더 이질적이고 불안정한 다극 체제의 세계가 등장했다. 부분적으로 탈서구화와 탈세계화가 진행되면서 자율성을 띠게 되었기 때문이다.

대항해 시대 이후 처음으로 경험하는, 이른바 지리학자이자 외교관인 미셸 푸세가 '위대한 해방'으로 규정한 새로운 탈세계화 체제에 익숙해져야 하는 상황이 된 것이다. 완전히 패권을 거머쥔 하나 또는 소수의 강대국이 없는 상황에서, 이 체제는 가변적이고 역동적인 동맹 체제(BRICS 참조)를 주도하는 강국들의 경쟁에 따른 영향권 아래 놓여 있다.

실제로 비서구권 국가들은 여전히 엄청난 내부적 도전에 직면해 있음에도 불구하고 존재감을 드러내고 있다. 그 가운데 중국, 인도, 브라질, 러시

세계화의 세계

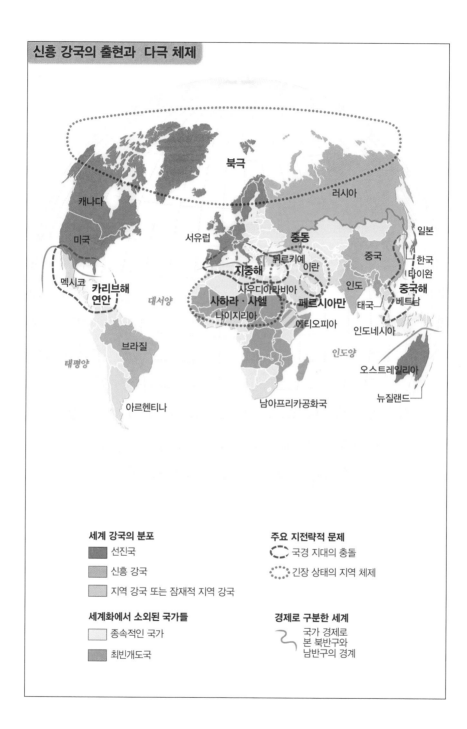

신흥 강국의 출현과 다극 체제

북극

러시아

캐나다

일본

미국

서유럽

중동

중국

한국
타이완

멕시코

지중해

뤼르키예

이란

중국해

카리브해
연안

대서양

사우디아라비아

인도

베트남

사하라 · 사헬

페르시아만

태국

나이지리아

에티오피아

인도네시아

브라질

인도양

태평양

오스트레일리아

아르헨티나

남아프리카공화국

뉴질랜드

세계 강국의 분포

■ 선진국

□ 신흥 강국

□ 지역 강국 또는 잠재적 지역 강국

세계화에서 소외된 국가들

□ 종속적인 국가

■ 최빈개도국

주요 지전략적 문제

국경 지대의 충돌

긴장 상태의 지역 체제

경제로 구분한 세계

국가 경제로
본 북반구와
남반구의 경계

아 등 4개국은 미국의 뒤를 잇는 강대국들이다. 역내에서 새롭게 강국으로 부상한 국가로는 남아프리카공화국, 에티오피아, 사우디아라비아, 튀르키예, 이란 등이 있으며, 잠재력을 인정받은 국가로는 멕시코, 나이지리아, 인도네시아, 태국, 베트남, 파키스탄 등이 있다.

또, 근동 지역 균형의 열쇠를 쥐고 있던 두 국가, 이라크와 시리아 정부가 와해하면서 사우디아라비아, 이란, 튀르키예, 아랍에미리트연합국(이하 아랍에미리트), 카타르 간의 세력 경쟁이 촉발되었다. 이들 국가는 민족적, 종교적 요인 이외에도 각기 다른 방식으로 서구 열강 및 러시아의 개입과 연계되었다.

글로벌 지정학적 문제는 7개의 블록 체제로 재편

이런 맥락에서 살펴보면 주요 글로벌 지전략적·지정학적 문제는 7개의 주요 블록 체제로 구체화한다. 게다가 중국해, 지중해, 카리브해, 페르시아만, 북극해 등 5개의 주요 해양 체제는 해양 경계 획정 문제로 긴장 상태에 있거나 분쟁 중이다. 중근동, 사하라 남부 사헬 지역 등 2개의 거대 대륙 공간도 지역적·국제적 위기 상황이 계속되고 있다.

마지막으로 48개 최빈개도국(LDC)과 같이 제한적인 재량권을 가진 채 외세에 종속적이거나 소외된 국가들이 이 새롭고 거대한 게임(아프리카에서의 중국 사례)에서 중요한 자리를 차지하고 있다. 이들 국가의 개발 문제는 여전히 세계화의 주요 과제로 남아 있다.

1990년부터 2018년 사이 선진국의 글로벌 보유외환 점유율이 78%에서

30%로 감소하는 한편 동아시아(36%)와 중동(13%)의 보유액은 경제적 역동성에 힘입어 크게 늘어났다. 전 세계 외화예금 및 외화보유액의 이러한 변화로 인해 1953년 쿠웨이트, 1974년 싱가포르를 시작으로 일부 국가는 국부펀드를 운용하게 되었다.

싱가포르 테마섹(Temasek), 아부다비 투자청(ADIA) 등 국부펀드는 공공자금을 출자해 장기적인 관점에서 금융시장(채권, 주식)이나 수익 창출 활동(부동산, 에너지 자원, 원자재, 공항과 항만 또는 철도 인프라 등)에 투자해 운용하는 펀드를 말한다.

미국과 서구 세계의 중국 견제 움직임이 본격화

2018년 기준 전 세계 국부펀드의 자산 총액은 8조 830억 달러에 달하며, 1990년 19개에 불과하던 국부펀드의 수는 현재 100여 개로 늘어났다. 아직은 자본의 68%가 아시아(42%)와 중동(26%)에 집중되어 있으나, 이 새로운 형태의 펀드는 세계 전역에 널리 확산하고 있으며 54개국 이상의 정부가 관련되어 있다.

일반 대중에게 널리 알려지지는 않았지만, 국부펀드는 세계무대에서 지정학적 · 지경제적 영향력을 확대하는 지렛대 구실(카타르 투자청 참조)을 수행하기도 한다.

일례로 중국 국부펀드인 중국투자공사(CIC)는 중국의 산업 또는 광업 관련 공기업과 연계해 에너지 및 원자재 부문 등 전략적 사업 분야 기업들의 지분 인수를 잇달아 추진해 정부 정책을 기업 차원에서 지원하기도 한다.

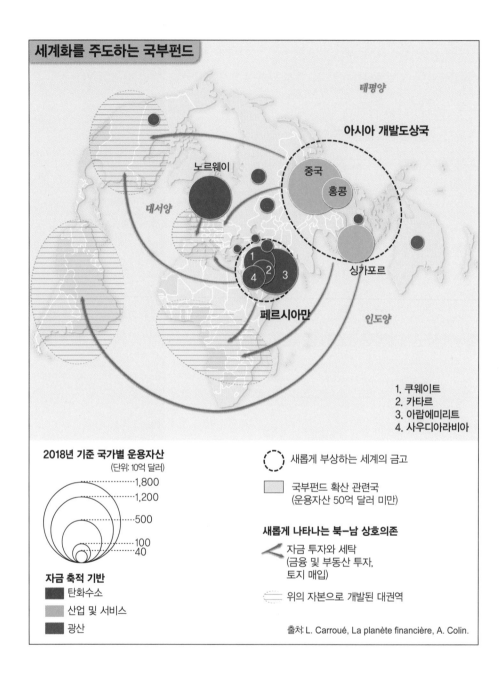

세계화를 주도하는 국부펀드

태평양

아시아 개발도상국

노르웨이

중국

홍콩

대서양

1
2
4 3

싱가포르

페르시아만

인도양

1. 쿠웨이트
2. 카타르
3. 아랍에미리트
4. 사우디아라비아

2018년 기준 국가별 운용자산
(단위: 10억 달러)

────1,800
────1,200

────500

────100
────40

자금 축적 기반
■ 탄화수소
■ 산업 및 서비스
■ 광산

⌐⌐⌐ 새롭게 부상하는 세계의 금고

■ 국부펀드 확산 관련국
(운용자산 50억 달러 미만)

새롭게 나타나는 북−남 상호의존

〈 자금 투자와 세탁
(금융 및 부동산 투자,
토지 매입)

≈ 위의 자본으로 개발된 대권역

출처: L. Carroué, La planète financière, A. Colin.

세계화의 세계

이에 대비해 미국 재무부, 국방부, 국토안보부 등 정부 부처 대표들로 구성된 외국인투자심의위원회(CFIUS)는 중국의 투자에 대한 통제를 강화하고, 국가안보에 위협이 된다고 판단되는 거래의 경우 차단하기도 한다.

즉 미국을 중심으로 서구 세계의 중국 견제 움직임이 점차 구체적이고 노골화하고 있다.

팍스 아메리카나 실패와
군사 강국의 군비경쟁

세계화는 지역, 대륙 혹은 세계 전체에서 펼쳐지는 권력 경쟁을 기반으로 조직된 국제질서를 일정하게 반영한다. 권력 경쟁은 여러 패권국 각각의 영향력에 따라 정도의 차이는 있으나 거의 안정적인 지전략적 세계 체제를 생성한다. 여기에는 정치적·기술적·경제적·이데올로기적 요인과 더불어 군사적 요인이 중요한 역할을 한다.

다극 체제에서 지역적 위기와 분쟁의 확대

2018년 기준 세계 군비 지출은 1조 7,880억 달러로 전 세계 국내총생산(GDP)의 2.2%를 차지한다. 이는 캐나다의 GDP에 해당하는 수치이다. 군비는 상위 10개국이 전체 지출의 75%를 점유하는 등 매우 편중되어 있다. 미국은 전 세계 군비 지출의 36.5%를 차지하며 중국(14%), 사우디아라비아(3.8%), 인도, 프랑스, 러시아(3.5%), 영국(2.8%), 일본을 제치고 압도적 1위에 올랐다. 최근 10년간 누계는 11조 6,610억 달러로, 사회 경제 발전 비용이 군비경쟁에 투입되고 있다.

세계 군비 지출은 10년간 20%가 늘어나 동아시아, 중근동, 남아시아에서 재무장 움직임이 강화되고 있음을 보여 준다. 이는 분쟁 지역(사헬 등)이 증가하는, 즉 불확실한 다극 체제에서 복합적인 요인으로 인해 위기와 갈

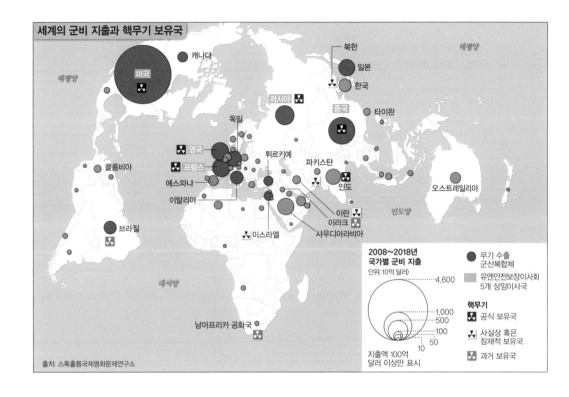

세계의 군비 지출과 핵무기 보유국

캐나다 / 미국 / 태평양 / 북한 / 일본 / 한국 / 태평양 / 러시아 / 중국 / 타이완 / 독일 / 영국 / 튀르키예 / 프랑스 / 파키스탄 / 콜롬비아 / 에스파냐 / 인도 / 오스트레일리아 / 이탈리아 / 인도양 / 이란 / 이라크 / 사우디아라비아 / 이스라엘 / 브라질 / 대서양 / 남아프리카 공화국

2008~2018년
국가별 군비 지출
(단위: 10억 달러)

4,600
1,000
500
100
50
10

지출액 100억
달러 이상만 표시

무기 수출
군산복합체

유엔안전보장이사회
5개 상임이사국

핵무기
공식 보유국

사실상 혹은
잠재적 보유국

과거 보유국

출처: 스톡홀름국제평화문제연구소

등 상황이 증폭되는 것과 깊은 관련이 있다.

지전략적 차원에서 평가하자면, 냉전 이후 핵무기가 많이 감소하면서 핵보유국들이 특별한 지위를 누리게 되었다. 실질적인 핵보유국은 2019년 기준 러시아(핵탄두 6,500개 보유), 미국(6,185개), 프랑스(300개), 중국(290개), 영국(200개), 파키스탄과 인도(각 140~160개), 이스라엘(80개), 북한(20~30개) 등 9개국이다.

세계적 차원의 군비 지출 증가에 힘입어 방위산업도 성장을 거듭하고 있다. 중국을 제외한 세계 100대 방산업체 전체 매출은 4,120억 달러, 고용은 450~500만 명에 달한다. 47개 기업을 보유하고 글로벌 매출의 58%를 차지하는 미국 군산복합체는 영국, 러시아, 프랑스, 이탈리아, 일본, 이스라엘을 제치고 압도적인 선두를 유지하고 있다.

비서구권에서는 일부 신흥 강국(브라질, 인도, 튀르키예 등)이 새롭게 등장하는 한편, 중국은 이미 미국 다음으로 군사력 및 군사기술 강국으로 부상했다. 다극 체제에서 지역적 위기와 분쟁의 확대로 인한 무기 수출의 증대는 중요한 지정학적 쟁점으로 대두되었다. 미국은 세계 무기 수출의 3분의 1을 차지하며 러시아, 중국, 프랑스, 독일, 영국을 큰 차이로 앞서고 있다.

미국의 지전략적 목표는 중국과 러시아의 부상을 저지

미국은 전 세계를 군사력(해군항공대와 특수부대 등)으로 대응할 수 있는 유일한 글로벌 군사 강국이다. 미국 국방성 산하에는 6개 지역별 통합전투사령부(콜로라도, 마이애미, 탬파, 하와이에 각 1개, 슈투트가르트에 2개)가 있다. 또한 본토에 병력 110만 명이 주둔하는 반면, 150개 이상의 국가와 해외 영토에도 병력이 배치되어 있다.

미국이 해외에 설치한 군사기지는 40여 개국 800개에 이르며, 약 24만 명의 군인이 현지에 주둔하고 있다. 여기에 중앙정보국(CIA), 국가안보국(NSA) 등 정보기관을 비롯해 국방부와 계약을 체결한 민간기업 소속 용병 수십만 명까지 고려해야 한다.

이 시스템은 동맹 네트워크(29개 NATO 회원국, 특별 동반자 관계 29개국)와 NSA가 시범 운영하는 에셜론(Echelon)시스템을 기반으로 한다. 에셜론은 영국, 캐나다, 오스트레일리아, 뉴질랜드와 함께 운영하는 통신감청 네트워

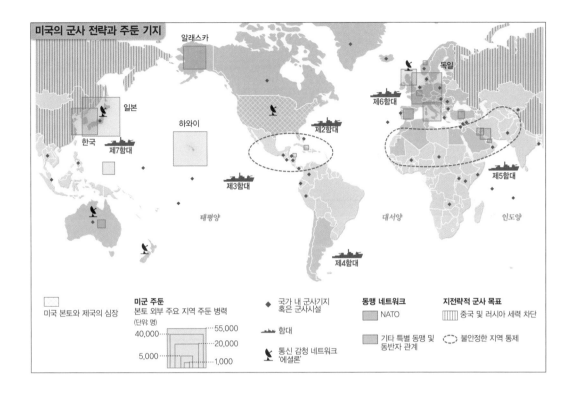

미국의 군사 전략과 주둔 기지

크를 말한다.

에셜론의 지전략적 목표는 중국과 러시아의 부상을 저지하고 정세가 불안정한 지역(카리브해 일대, 사하라·사헬 지역, 중근동, 아프가니스탄·파키스탄, 동아시아 및 동남아시아)과 사이버 공간을 통제하는 것이다.

미국은 자국 중심의 일방주의와 군사 개입주의 노선(이라크, 아프가니스탄, 리비아 등)으로 인해 국제적 무질서의 요인이 되었다. 2000년부터 2018년 사이 미국은 군비와 외부 군사 개입에 10조 5,000억 달러를 지출해 연방정부 부채가 폭발적으로 증가하면서 경제적 어려움이 가중되었다.

미국은 이런 이유로 한때는 여러 국제조약과 거리(국제형사재판소 제재, 대인지뢰금지협약 가입 거부, 파리기후변화협약 탈퇴, 유네스코 탈퇴)를 두기도 했다. 더불어 대외정책이 여러 차례 실패하고 국내외적 저항이 거세짐에 따라 미국은 현재 세계 최강대국의 지위도 흔들리고 있다. 트럼프 전 대통령의 갑작스러운 등장과 퇴장은 국제관계에서 미국이 처한 현실을 냉정하게 반영하는 것이다.

세계 강국으로 부상한 중국의 미국 패권 도전

중국은 사회주의 시장경제를 채택하고 대외 개방에 적극적으로 나선 이후 마오쩌둥의 고립주의와 저개발에서 벗어나 독자 노선을 걷고 있다. 최근 거세지는 미국의 견제와 내부의 도전에 맞서 국익 증진에도 몰두하고 있다. 한때 서양 열강의 식민지로 추락했던 중국이 세계무대의 주요 행위자로서 복귀하면서 아시아와 전 세계의 지정학적·지경제적·지전략적 균형이 흔들리고 있다.

군사·경제 양면에서 세계 최강국으로 부상한 중국

1976년 마오쩌둥이 사망하고, 1978년부터 시작된 중국의 개방과 개혁 정책은 1992년 소련의 붕괴 이후 더욱 적극적으로 추진되었다. 여기에는 세 가지 전략적 목표가 있었다. 공산당의 권력 유지, 인구 성장에 따른 수요 폭발을 충족하기 위한 국가의 현대화 및 경제발전, 국익 수호(1997년 홍콩 반환, 1999년 마카오 반환, 남중국해 군사력 투사 등)가 3대 국가전략이었다.

이러한 적극적인 정책 덕분에 중국은 세계 1위 수출국, 2위 경제 대국, 1위 산업 강국, 1위 특허출원국이 되었고, 미국을 제치고 세계 최대 에너지 소비국이 되었다. 현재 중국은 세계 최대 외환 보유국이자 세계 제1의 미국 국채 보유국으로 세계금융 강국의 위상을 과시하고 있다. 더불어 심각한 사회적·지역적·경제적 불평등과 투기 거품 등으로 인한 경제성장의 불

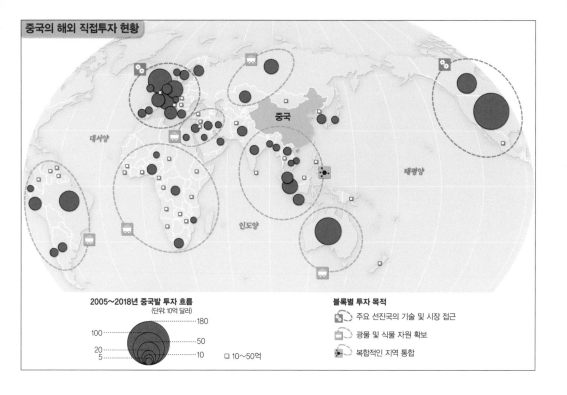

중국의 해외 직접투자 현황

대서양
중국
태평양
인도양

2005~2018년 중국발 투자 흐름
(단위: 10억 달러)

180
100
50
20
10
5

□ 10~50억

블록별 투자 목적

주요 선진국의 기술 및 시장 접근

광물 및 식물 자원 확보

복합적인 지역 통합

균형에도 불구하고, 국민 생활 수준이 크게 개선되고, 도시 중산층이 급속히 확대되었다.

국가 차원의 내수시장 통제에 성공한 중국은 점차 초대형 국유기업을 중심으로 해외 시장 장악에도 적극적으로 나섰다. 세계 500대 초국적 기업 중 60개가 중국계로 일본이나 영국보다도 많은 숫자이며, 이 기업들이 800만 명 이상의 직원을 고용하고 있다.

중국공상은행(ICBC), 중국은행 등 초대형 은행, 페트로차이나(PetroChina), 시노펙(Sinopec) 등 에너지 또는 광산기업 그룹, 상하이자동차 그룹(SAIC Motor) 등 제조업 기업, 그 밖에도 여러 통신 및 서비스 기업이 여기에 속한

세계화의 세계

다. 이들 기업은 13년간 1조 2,150억 달러를 해외에 투자한 것으로 알려지고 있다.

중국은 123개국을 대상으로 전면적인 해외 직접투자를 시행하고 있다. 해외투자의 60%는 기술과 노하우를 확보해 효율적인 성장모델을 구현하려는 목적으로 선진국(스위스의 농약업체 신젠타, 스웨덴의 자동차 브랜드 볼보, 이탈리아의 타이어업체 피렐리, 프랑스의 리조트그룹 클럽메드)에, 40%는 농산물, 광물 혹은 에너지 원료 확보를 위해 저개발국에 투자하고 있다. 또한 부족한 에너지의 공급과 확보를 위해 에너지 부문에 우선순위(총 FDI의 30%)를 두고 있는 한편 부동산, 금융, 운송 및 관광 부문에도 주목하고 있다.

비서구 세계의 리더로 세계 질서를 재편하겠다는 목표

2013년 중국 정부는 대형 은행들과 국부펀드의 출자로 마련된 특별기금을 편성하고 '신(新)실크로드' 프로젝트를 개시했다. 이 프로젝트에는 60개 이상의 국가에서 진행되는 육상(도로, 철도, 파이프라인) 및 해상 물류 라인의 현대화와 신규 건설이 포함되어 있다.

중국이 이렇게 육상과 해상에 걸쳐 신실크로드를 구축하는 목적은 세 가지이다. 첫째, 유사시 미국의 해상 봉쇄에 대한 대응으로 동남아시아, 중앙아시아, 남아시아, 페르시아만, 러시아, 서유럽 및 동아프리카와 같이 광대한 배후지에 거점을 확보해 안정적인 수출 및 공급망을 구축하기 위해서이다. 둘째, 경제성장을 촉진하는 역동적인 경제벨트를 만들기 위한 전략이다. 셋째, 프로젝트의 수혜국들과 지속적인 정치·외교·경제의 동맹관

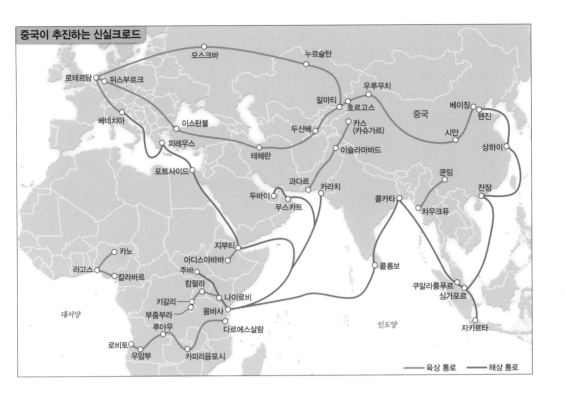

중국이 추진하는 신실크로드

계를 형성하고 유지하기 위해서이다.

중국은 해상 실크로드의 일환으로 건설한 동아프리카의 지부티항, 몸바사항, 다르에스살람항 등 거점 항구를 통해 에티오피아, 케냐, 우간다, 남수단, 르완다, 탄자니아, 잠비아를 연결하고 있다. 중국의 이런 전략은 지역을 뛰어넘어 세계 강국의 입지를 공고히 하려는 것이다.

개혁·개방 정책의 초기에는 조심스러운 태도를 유지하던 중국이 2012년부터 국익을 수호하고 실질적으로 비서구 세계의 리더가 됨으로써 세계 질서를 재편하겠다는 목표를 공공연히 드러내고 있다. 중국은 미국에 맞서는 세계 2대 강국의 지위에 오르겠다는 목표 달성을 위해 지정학적·지경

세계화의 세계

제적 · 재정적 · 문화적 영향력을 총동원하고 있는 셈이다.

중국은 지역 규모에서 2001년 러시아와 함께 상하이협력기구(SCO)를 설립했는데 현재 아시아 8개국이 회원국으로 참여하고 있다. 2014년에는 아시아개발은행(ADB), IMF, 세계은행에 대한 미국의 절대적 영향력에 도전하고자 아시아인프라투자은행(AIIB)도 출범시켰다. 현재 100개국 이상이 가입되어 있다.

중국은 이것 뿐만 아니라 위안화의 국제화를 위한 행보를 가속하는 한편 중요 해양 요충지에서 전략적 위치를 확보하기 위해 2016년 지부티에 첫 해외 군사기지를 구축했고, 중남미(적도기니 등)와 남태평양(솔로몬제도)에도 군사기지 건설을 추진하고 있다.

2장

세계의 양극화와
글로벌 생산 체제

세계화는 세계 문제를 해결하는 쾌도난마식 해결책인가?

세계화를 흔히 지구를 지배하는 '데우스 엑스 마키나'로 분석하기도 한다. 상품, 자본, 사람, 정보의 가시적 · 비가시적 흐름이 마치 얽히고설킨 실타래와 같아 세계화가 쾌도난마식의 해결책이라고 보는 것이다. 하지만 이런 입장은 부분을 전체로 착각하는 것이며, 마치 물거품을 바다로 간주하는 것과 같다. 세계화의 본질에 대한 효율적인 분석을 위해서는 글로벌 생산체제 개념을 중심으로 크게 세 가지 주제를 살펴볼 필요가 있다.

첫째는 부, 성장, 개발이다. 지구는 하나이지만 그 안에는 여러 유형의 세계가 병존하고 있다. 현대의 세계화는 긴장과 위기를 만들어내는 이중적이고 양극화된 시스템이기 때문이다. 우리 세계의 지속이 가능하기 위해서는 다면적인 차원의 연대가 필요하다.

둘째는 관계, 상호작용, 시스템이다. 범세계적 흐름의 급증은 사람과 영역의 교류에서 가장 뚜렷이 드러난다. 종종 중거리 또는 장거리에서 일어나는 관계 및 상호작용이 시스템을 형성한다. 바로 국제분업(IDL, international division of labour)을 말한다.

셋째는 역할과 행위자이다. 지리학에는 공간과 영토에 관한 연구가 필수적이다. 행위자, 그리고 행위자의 전략과 게임 없이는 공간도 영역도 존재하지 않는다. 지리학자의 첫 번째 기능은 이 문제들을 모든 규모에서 연구함으로써 세계 시민들이 세상을 이해하도록 돕는 것이다.

금융시스템의 세계화로
양극화와 불평등 심화

부의 창출은 결국 문명의 문제이다. 인류 사회의 막대한 사회적·경제적·문화적 요구를 충족시켜야 하기 때문이다. 세계는 전례 없이 부유해졌지만, 측정하기 어려울 정도로 심각한 불평등으로 19세기 말 이래 가장 이중적이고 양극화된 것 또한 사실이다. 지속 가능하지도 연대적이지도 않은 이런 성장 모델은 모든 영역에서 긴장과 위기를 촉발하는 주요 요인이 된다.

금융시스템의 세계화로 자본의 집중과 불평등 심화

현재 인류는 전 세계적으로 유사 이래 최대의 부를 생산하고 있다. 지난 25년 동안 인구가 38% 증가했지만, 같은 기간 세계 GDP는 160% 증가(2018년 기준 87조 7,400억 달러)했다. 다른 한편으로 비서구권이 세계 경제성장의 절반 가까이 실현하면서 세계 GDP에서 차지하는 비중이 25%에서 40%로 늘어나고, 서구권의 점유율은 75%에서 60%로 감소함으로써 부의 재균형이 이루어지고 있기도 하다.

하지만 지구는 여전히 매우 이질적인 체제들의 모자이크로 이루어져 있다. 예를 들어 노르웨이 국민 한 명은 부룬디 국민 한 명보다 연간 470배에 달하는 부를 생산한다. 이처럼 지구에는 여러 세계가 공존한다. 이 세계들은 무역과 자본이동의 자유화가 확대되면서 점점 더 전면적인 경쟁 관계에

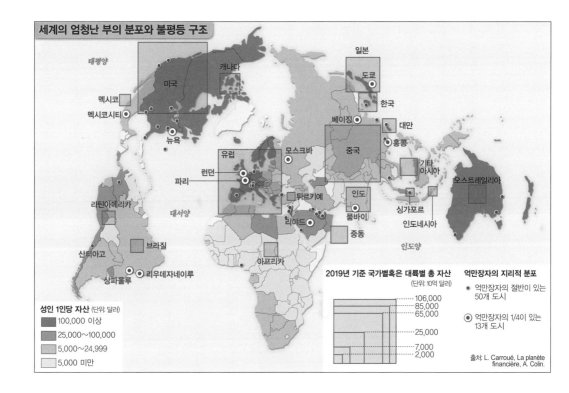

세계의 엄청난 부의 분포와 불평등 구조

태평양 / 캐나다 / 일본 / 미국 / 도쿄 / 멕시코 / 한국 / 멕시코시티 / 뉴욕 / 베이징 / 대만 / 유럽 / 모스크바 / 중국 / 홍콩 / 런던 / 기타 아시아 / 파리 / 오스트레일리아 / 라틴아메리카 / 대서양 / 튀르키예 / 인도 / 싱가포르 / 리야드 / 뭄바이 / 인도네시아 / 브라질 / 중동 / 산티아고 / 인도양 / 상파울루 / 리우데자네이루 / 아프리카

성인 1인당 자산 (단위: 달러)
- 100,000 이상
- 25,000~100,000
- 5,000~24,999
- 5,000 미만

2019년 기준 국가별혹은 대륙별 총 자산
(단위: 10억 달러)
106,000 / 85,000 / 65,000 / 25,000 / 7,000 / 2,000

억만장자의 지리적 분포
- 억만장자의 절반이 있는 50개 도시
- 억만장자의 1/4이 있는 13개 도시

출처: L. Carroué, La planète financière, A. Colin.

놓이게 되었다.

이렇게 생산된 부는 GDP로 측정되며, 제한된 공간에 집중된 금융자산 또는 부동산자산의 형태로 존재한다. 세계 부의 69%를 보유한 서구권은 축적·개발·지배라는 3요소를 기반으로 한 지경학적 유산 덕분에 여전히 세계적인 영향력을 행사하고 있다.

고작 1세기라는 시간 동안 일본이 축적한 부를 반세기 만에 중국이 바로 따라잡는 등 신흥국가들의 부상에도 서구권이 쌓은 부는 상상을 초월한다. 또한 미국만 하더라도 아프리카 국가 전체의 부를 합친 것보다 27배에 달하는 부를 소유하고 있다.

결국 이런 세계화의 혜택이 가장 집중되는 곳은 기존의 부유층이다. 스위스계 투자은행 크레디트스위스는 극소수가 세계 부의 대부분을 독점하고 있다고 보고하고 있다. 4억 명, 즉 세계 인구의 8%가 세계 부의 86%를 점유하고 있으며, 그중에서도 극소수 초부유층(인구의 0.7%)이 45.6%를 차지하고 있다는 것이다.

반면 세계 인구 73%의 몫은 2.4%에 불과하다. 이런 상황에서 소위 중산층은 최근 일부 신흥국가에서 급부상하고 있음에도 불구하고 부의 규모면에서는 여전히 제한적이다. 세계 인구 가운데 8억 9,700만 명(인구의 18.5%)이 중산층에 해당하지만, 이들이 소유한 부는 11.4%에 지나지 않는다.

이렇게 불평등한 구조는 1980~1990년대 이후 글로벌 차원으로 발전한 금융시스템이 주도한 자본의 축적 체제와도 깊이 관련되어 있다. 국제금융자산의 가치는 2016년 12월 기준 128조 5,000억 유로에 도달하면서 사상 최고치를 경신했지만, 상위 10%가 79%를 소유하는 반면 하위 50%의 자산은 1%에 그치기 때문이다.

13개 대도시에 세계 억만장자의 4분의 1이 집중

21세기 초 현재, 지구는 앙시앵 레짐(프랑스 혁명 이전의 옛날 봉건 체제)의 구시대적 구조에서 벗어나지 못하고 있다. 이러한 조건에서 세계 공간을 구성하는 엄청난 사회·정치·이민과 관련된 위기와 충돌은 전혀 놀랍지 않다. 부의 독식은 도덕적으로 충격적일 뿐 아니라 경제적으로나 사회적으로도 비효율적이다.

세계화의 세계

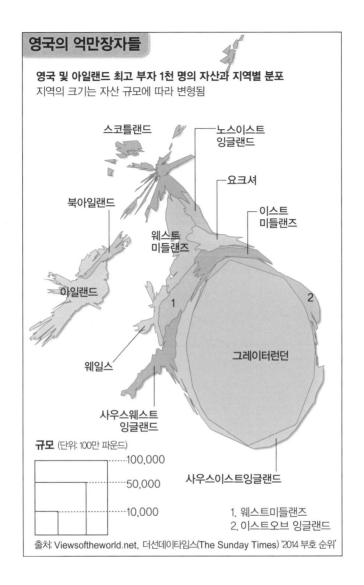

영국의 억만장자들

영국 및 아일랜드 최고 부자 1천 명의 자산과 지역별 분포
지역의 크기는 자산 규모에 따라 변형됨

스코틀랜드
노스이스트 잉글랜드
요크셔
북아일랜드
이스트 미들랜즈
웨스트 미들랜즈
아일랜드
1
2
웨일스
그레이터런던
사우스웨스트 잉글랜드

규모 (단위: 100만 파운드)
100,000
50,000
10,000

사우스이스트잉글랜드

1. 웨스트미들랜즈
2. 이스트오브 잉글랜드

출처: Viewsoftheworld.net, 더선데이타임스(The Sunday Times) '2014 부호 순위'

물론 약 8억 5,000만 명이 여전히 극심한 빈곤 상태에 놓여 있기는 해도 극심한 빈곤은 실질적으로 감소세에 있다. 그런데도 2030년까지 빈곤을 근절하겠다는 유엔의 목표 달성은 요원해 보인다.

부의 불평등은 세계 차원의 모든 지리적 규모에서 영역과 사회를 조직하는 주요 요인이다. 억만장자의 지리적 분포에서 볼 수 있듯이 13개 대도시에 세계 억만장자의 4분의 1이 집중되어 있고, 50개 대도시에 절반이 분포하고 있다. 이들은 경제적·재정적·정치적 권력과 주거 전략을 통해 세계 주요 도시에서 도시 공간을 재구성하는 데 중심적인 역할을 한다.

북반구 여러 국가의 전통적인 메트로폴리스는 물론, 특히 남반구의 신흥 메트로폴리스(멕시코시티, 리우데자네이루, 상파울루, 라고스, 상하이 등)에 거주하는 극소수 초부유층은 사설 경비업체를 고용해 '게이티드 커뮤니티(gated

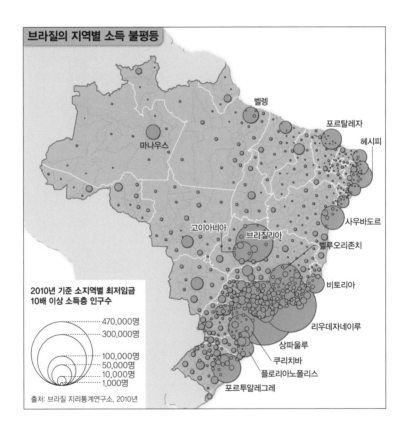

세계화의 세계

communities)'라 불리는 주거단지에 살면서 외부와 고립된 채 스스로 자신들을 보호하며 통제하고 있다. 부의 불평등으로 고조되는 긴장과 사회적 폭력에 대비하는 것이다.

영국의 경우 가장 부유한 거주자 1,000명의 부 가운데 56%가 있는 실질적인 수도인 그레이터런던을 포함해 69%가 런던 지역에 집중되어 있다. 대대로 상속된 재산(웨스트민스터 공작 가문 등)과 신흥 억만장자의 재산(인도 출신 락시미 미탈 등)을 모두 포함한 것이다.

조세 회피처(맨섬, 저지섬과 건지섬, 아일랜드)로 편중되는 부와 전통적인 산업 지역(미들랜드, 요크셔, 노스이스트잉글랜드 등)의 낙후는 한 세기 동안 영국이 겪은 전통적인 지경학 및 패권의 구조에 심각한 변화가 초래했음을 방증한다.

남미 브라질의 경우 상파울루와 리우데자네이루에 편중된 부가 브라질리아, 벨루오리존치, 포르투알레그레, 쿠리치바, 사우바도르에 분포하는 부보다 훨씬 큰 비중을 차지한다. 이 사례에서 볼 수 있듯이 이런 사회구조의 공간적 · 경제적 불평등의 심화는 신흥 경제 강국에서 더욱 두드러진다.

북반구와 남반구는
개발과 투자 격차 심각

1960~1970년대에 등장한 개발 문제와 그 결정 요인(투자, 국가 공공정책, 교육 등)은 지리학적으로 임의적 해석을 가능케 한다. 급속한 경제발전에 직면해 사회적 진보와 민주주의는 인류의 도전에 대응하는 데 필수적인 수단이 되었다. 계속해서 다변화되는 교류에도 불구하고 선진국과 저개발국 사이에는 여전히 매우 큰 격차가 있다.

양극화된 선진국과 저개발국의 생산적 투자금액

사회와 경제가 고유의 기능을 수행하고 수요를 맞추며 단기 성장에 그치지 않고 실질적 발전을 보장하기 위해서는 최소한의 설비가 필요하다. 이러한 맥락에서 국가, 지방자치단체, 기업 및 가계의 생산적인 투자는 다양한 개발 수준을 나타내는 좋은 지리적 지표(총고정자본형성, 기계나 장비, 에너지 또는 교통 인프라, 학교, 병원, 주택 등)가 된다.

지난 30년 평균 글로벌 투자금액은 GDP의 25%에 달한다. 남아시아가 33%로 가장 앞서고, 동아시아와 동남아시아가 각각 31%와 28%로 그 뒤를 쫓고 있다. 반면 서아프리카, 남아프리카, 카리브해 지역은 18%에 불과하다. 서구 등 선진국이 여전히 글로벌 누적 투자액의 65%를 차지하는 한편 개발도상국은 신흥국과 걸프 지역 산유국들의 약진에 힘입어 35%를 차지

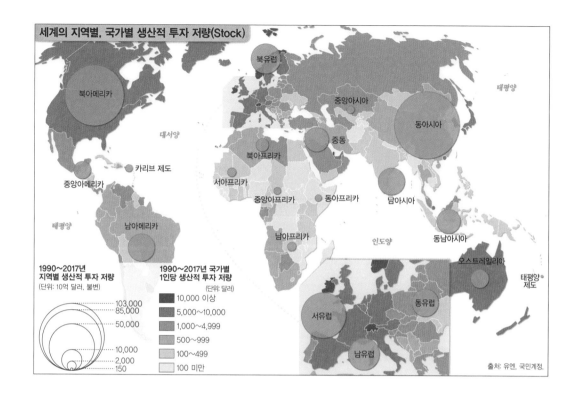

세계의 지역별, 국가별 생산적 투자 저량(Stock)

북아메리카 / 북유럽 / 중앙아시아 / 태평양 / 동아시아 / 대서양 / 중동 / 북아프리카 / 카리브 제도 / 서아프리카 / 남아시아 / 중앙아메리카 / 중앙아프리카 / 동아프리카 / 동남아시아 / 태평양 / 남아메리카 / 남아프리카 / 인도양 / 오스트레일리아 / 태평양 제도 / 서유럽 / 동유럽 / 남유럽

1990~2017년
지역별 생산적 투자 저량
(단위: 10억 달러, 불변)

103,000
85,000
50,000

10,000
2,000
150

1990~2017년 국가별
1인당 생산적 투자 저량
(단위: 달러)

10,000 이상
5,000~10,000
1,000~4,999
500~999
100~499
100 미만

출처: 유엔, 국민계정.

한다.

또한 이런 격차는 동원할 수 있는 재정적 수단과 국가가 실행하는 전략으로 만들어지는 결과물이다. 적도 부근과 이남 지역에서 풍부한 탄화수소(가스 원료로 쓰이는 자원) 덕분에 개발 재원을 마련한 카타르의 경우 국민 1인당 투자액이 2만 5,300달러에 달하고, 아랍에미리트의 경우도 핀란드와 비슷한 수준을 투자하고 있지만, 부룬디와 짐바브웨는 각각 23달러, 19달러 수준에 머물고 있다. 실로 엄청난 차이이다.

이는 데이터에 나타나는 것처럼, 많은 저개발 국가가 당면한 매우 심각한 낙후 상태와 사회의 계층·지역 간 격차(도시/농촌, 대도시/기타 지역, 해안/

내륙 등)를 상징적으로 보여준다. 일부 국가의 경우 수도에서마저 특권층 거주 지역에만 전기 또는 식수가 공급될 정도이다.

이러한 사회적 불평등의 지형도는 공공 및 민간 행위자, 국가 및 국제 행위자가 선택한 전략의 일부이자 정치적 결과물이기도 하다. 저개발 지역이나 국가가 겪고 있는 불평등과 빈곤의 대부분은 지도층이 제 역할을 하지 못하고 있기 때문이라고 보아야 한다.

실질적인 개발조건을 갖추는 것이 불가능한 상황에서 대부분의 국가는 친족 중심주의와 부패가 만연한 가운데 수익을 둘러싸고 끊임없이 대립하는 소수 집단(집권층, 특권계급, 특정 종족)의 단기적 이익을 우선시한다. 심지어 국가 재건, 더 나아가서는 공익을 위한 국가의 민주적 기능 등 중요한 지정학적 문제가 선결되어야 개발과 관련된 지경학적 문제의 해결이 가능한 경우도 있다.

지역별·국가별 빈곤과 불평등 구조가 심화하고 있다

인간개발지수(HDI)는 1990년 유엔개발계획(UNDP)에서 사회경제적, 인구통계학적 기준 3가지(1인당 실질국민소득, 평균수명, 교육 수준)를 토대로 인간의 발달 수준을 평가하기 위해 만든 것으로, 인도 출신의 노벨 경제학상 수상자 아마르티아 센의 연구 성과를 반영한 것이다.

기아와 빈곤 문제, 자유주의의 영향을 연구하는 센은 특히 사회적 개발, 보편적 가치로서의 민주주의, 여성의 지위 향상과 사회적 진보 사이의 필연적 관련성을 강조한다.

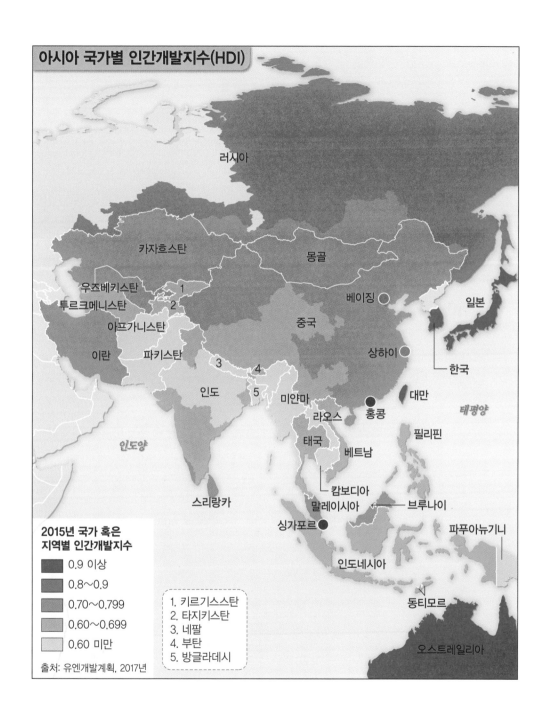

아시아 국가별 인간개발지수(HDI)

러시아

카자흐스탄

몽골

우즈베키스탄
투르크메니스탄

1
2

베이징 ○

일본

야프가니스탄

중국

이란

파키스탄

3
4
5

상하이 ○

한국

인도

미얀마

대만

라오스

홍콩 ●

태평양

인도양

태국

필리핀

베트남

스리랑카

캄보디아
말레이시아

브루나이

파푸아뉴기니

싱가포르 ●

**2015년 국가 혹은
지역별 인간개발지수**

인도네시아

0.9 이상

0.8∼0.9

0.70∼0.799

1. 키르기스스탄
2. 타지키스탄

동티모르

0.60∼0.699

3. 네팔
4. 부탄

0.60 미만

5. 방글라데시

출처: 유엔개발계획, 2017년

오스트레일리아

지역적 규모로 살펴볼 때, 아시아 HDI 지도는 개발 불평등의 지형도가 모든 규모의 공간에서 발생한다는 점을 잘 보여 준다. 신흥 경제 대국(인도, 중국, 브라질 등)의 경우, 남북 격차가 한 국가 내에서 관찰되기도 한다. 세계화에 잘 통합된 지역이자 가장 개방된 지역(해안, 대도시) 등과 소외된 공간이 극명한 대비를 이루는 것이다.

지역 간 HDI 격차는 중국의 경우 베이징과 티베트 사이에서 45%, 인도네시아의 경우 수도 자카르타와 파푸아 사이에서 40%, 인도의 경우 개방적인 남서부 해안 지역 케랄라주와 동북부 해안 지역의 오디샤주 사이에서 30%로 나타났다.

최빈국의 중심부와 주변부 사이에도 뚜렷한 격차가 존재

최근 몇 년 동안 생산적 투자의 취약성과 영역에 미치는 영향을 고려한 새로운 지수가 등장했다. 다차원 빈곤지수(MPI)는 사회인구학적 지표(유아 사망률, 영양, 교육)와 시설 수준(전기, 식수, 위생 접근성, 진흙, 모래, 흙 등 바닥 재질에 따른 주거환경 유형과 나무, 숯, 동물 배설물 등 연료 유형, 부동산 점유)을 통합하여 빈곤을 평가한다.

MPI에 따르면 14억 5,000만 명(세계 인구의 26.5%)이 다차원적 빈곤에 처해 있으며, 이 가운데 절반은 아동이다. 이들은 남아시아(48%), 아프리카 사하라 이남 지역(36%), 동아시아(10%)에 집중적으로 분포하고 있다.

이러한 빈곤의 지역적 편중은 역내에서도 중심부와 주변부 사이에 매우 뚜렷한 격차가 존재함을 잘 보여준다. 최빈국 중 하나이자 분쟁이 끊이지

세계화의 세계

않는 아프가니스탄의 경우, 다차원 빈곤층은 수도 카불 인구의 25%, 칸다하르 인구의 72%, 중앙부의 고지대에 있는 우르즈간 인구의 95% 등 지역에 따라 큰 차이를 보여준다.

생산·소비를 결합하는
초국적 기업의 국제분업

세계화와 함께 등장한 국제분업은 지속해서 새로운 영역을 확대하면서 생산기지와 소비시장이 하나의 네트워크로 연결되고 있다. 자본 이동성과 통신산업의 비약적 발전에 힘입어 초국적 기업들로 구성된 국제 노동시장이 형성되었다. 이러한 통합은 지리적으로 구분되고 기능적으로 세분되며 역사적으로도 유연한 국제질서를 기반으로 해서 각 행위자는 분업 시장에서 자신의 임무를 수행한다.

영국의 막스앤드스펜서는 국제분업으로 세계 경영

막스앤드스펜서(M&S)는 영국의 대형 소매유통기업이다. 59개국에 진출해 있지만, 매장의 66%, 매출의 90%, 수익의 93%가 영국에 집중되어 있어, 그룹의 중심은 여전히 영국이라고 할 수 있다. 런던 본사의 중앙 구매부서가 52개국의 2,200개 공급업체와 직원 100만 명이 국제시장을 상대로 경쟁하는 방대한 글로벌 공급사슬을 관리한다. 그러나 회사의 식품사업부와 섬유사업부의 국제분업은 상당히 다른 방식으로 진행된다.

식품사업부는 35개국에 있는 579개 공장에서 18만 4,000명의 직원을 두고 있다. 영국 본사가 문화적 근접성(고객 취향, 제품의 특성, '메이드 인 브리튼'이라는 브랜드 이미지 등)과 지리적 근접성(신선식품, 납기, 운송비, 사후 관리, 공급 안정성 등)으로 인해 중심적인 역할(전체 고용 인원의 63%)을 하고 있다. 고

세계화의 세계

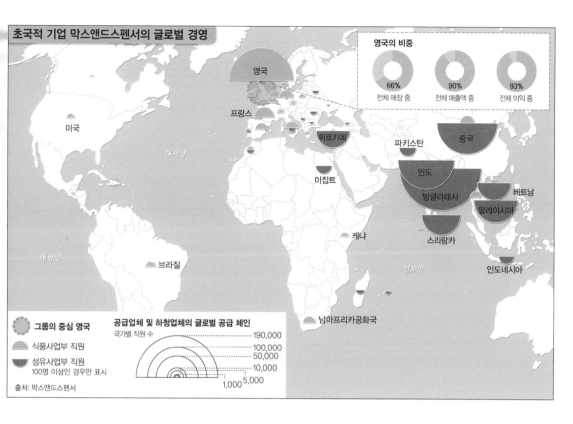

초국적 기업 막스앤드스펜서의 글로벌 경영

영국의 비중

66%
전체 매장 중

90%
전체 매출액 중

93%
전체 이익 중

영국
프랑스
미국
대서양
튀르키예
파키스탄
중국
이집트
인도
방글라데시
베트남
말레이시아
케냐
스리랑카
태평양
브라질
인도양
인도네시아
남아프리카공화국

그룹의 중심 영국

공급업체 및 하청업체의 글로벌 공급 체인
국가별 직원 수

식품사업부 직원

섬유사업부 직원
100명 이상인 경우만 표시

190,000
100,000
50,000
10,000
1,000 5,000

출처: 막스앤드스펜서

용 인원의 23%는 유럽 19개국에서 근무한다. 마지막으로 차, 커피, 쌀, 과일 등 열대작물은 15개국(중국, 남아프리카공화국, 태국, 케냐, 브라질 등 직원 2만 5,000명)으로 구성된 세 번째 권역에서 공급된다. 세계시장에서 유통되는 가지째 자른 절화 장미의 경우는 케냐에서 공급받는다.

섬유·의류사업부는 28개국에 있는 616개 공장에서 59만 5,000명을 고용하고 있다. 미국의 과학자이자 발명가인 프레드릭 테일러가 고안한 대량생산 방식은 근로자의 임금 비용에 좌우된다고 해도 과언이 아니다. 따라서 첫 번째 유럽 권역의 비중은 미미한 수준(전체 고용 인원의 1.4%)에 그치고, 두 번째 지중해·아프리카 권역(튀르키예, 이집트, 모로코, 마다가스카르, 모리셔스)도 7%로 큰 비중을 차지하지 않지만, 세 번째 아시아 권역(방글라데시, 중국, 인도, 캄보디아, 스리랑카, 베트남 등)이 결정적인 역할(92%)을 한다.

섬유제품은 특별한 기술 없이 적은 투자 비용으로도 생산할 수 있고, 해외 이전도 쉬우므로 비즈니스 측면에서 지리적인 제한이 거의 없는 편이다. 중국 연안 지역(고용 인원 10만 명)의 임금 상승으로 중국 기업을 비롯한 여러 나라 기업들이 베트남(3만 3,000명)이나 캄보디아(5만 5,000명)로 이전을 가속하는 추세도 보인다.

한편 방글라데시(직원 20만 명, 월평균 임금 60유로)에서는 고용인력과 고용환경이 점차 후퇴하는 추세이다. 독재정권의 현지 소수 특권층이 노동력을 과도하게 착취하기 때문이다. 세계 최악의 산업재해로 기록된 2013년 방글라데시의 라나플라자 붕괴사고(섬유 노동자 5,000명 중 1,138명의 목숨을 앗아갔다)는 이렇게 고삐 풀린 세계화의 폐해를 상징한다. '기아 퇴치와 발전을 위한 가톨릭 위원회(CCFD)' 등 비정부기구의 압력과 유럽연합과 체결한 협정에도 불구하고 노동자의 권리는 여전히 방치되고 있다.

초국적 기업의 오프쇼어링으로 인도 정보통신 기업도 발전

인도의 정보통신 서비스 전문화는 국제분업구조에서 국가와 영역이 얼마나 독립성을 가질 수 있는지 보여준다. 이는 세계 공간 내에서 이루어지는 매우 정밀한 기술적·사회적 세분화, 강력하고 안정적인 통신망, 풍부한 인력 가용성, 국가 및 지역의 선진 전략을 기반으로 한다. 하지만 인도 아

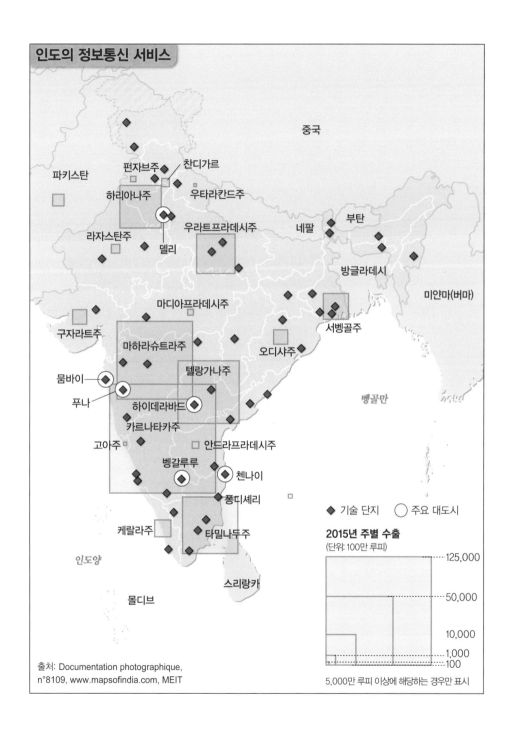

인도의 정보통신 서비스

중국

파키스탄

펀자브주 찬디가르

하리아나주 우타라칸드주

라자스탄주 우라트프라데시주 네팔 부탄

델리

방글라데시

미얀마(버마)

마디아프라데시주

구자라트추 서벵골주

마하라슈트라주 오디샤주

텔랑가나주

뭄바이 벵골만

푸나 하이데라바드

카르나타카주

고아주 안드라프라데시주

벵갈루루 첸나이

퐁디셰리

◆ 기술 단지   ○ 주요 대도시

케랄라주 타밀나두주

인도양

2015년 주별 수출
(단위: 100만 루피)

스리랑카

몰디브

┄┄ 125,000

┄┄ 50,000

┄┄ 10,000

┄┄ 1,000
┄┄ 100

출처: Documentation photographique,
n°8109, www.mapsofindia.com, MEIT

5,000만 루피 이상에 해당하는 경우만 표시

대륙(인도, 파키스탄, 방글라데시, 네팔, 부탄, 스리랑카, 몰디브, 시킴 등의 나라와 지역)은 수많은 자치주와 직할 지역이 모자이크처럼 얽혀 있는 형태이므로 발전 또한 선택적으로 이루어진다. 여러 장애물이 계속해서 발전을 방해하기 때문이다.

인도는 카르나타카를 비롯한 남부의 4개 주가 서비스 및 소프트웨어 수출의 83%를 차지하고, 소수 대도시(벵갈루루, 하이데라바드, 첸나이, 뭄바이, 푸나, 뉴델리)가 경제발전을 주도하고 있다. 이렇듯 지역에 따른 선명한 격차는 결코 우연에 기인한 것이 아니다.

인도의 고대·현대 역사, 매우 폭넓은 권한(계획, 교육, 기반 시설, 과세, 노동법, 기술단지 등 지역경제 진흥 및 개발계획 등)을 가진 주 정부들의 전략 및 인도에 진출하고자 하는 외국계 초국적 기업들의 이익과 뿌리 깊은 관계를 맺고 있기 때문이다.

인도의 정보통신 서비스 부문은 GDP의 10%, 수출의 25%, 일자리 400만 개를 차지한다. 이러한 고속 성장에 힘입어 타타 컨설턴시 서비스(Tata Consultancy Services, 직원 39만 명), 인포시스(Infosys, 직원 2만 명), HCL 테크놀로지(HCL Technologies, 직원 1만 2,000명) 등 세계적 수준의 초대형 정보통신기업이 탄생했다.

서구 대기업들이 생산시설 일부를 해외로 이전하는 '오프쇼어링(off-shoring)'과 업무를 위탁하는 아웃소싱(정보통신, 은행, 미디어 분야 등)이 늘어남에 따라 이들 인도 기업은 엄청난 특수를 누리고 있다.

인포시스(인도의 IT 서비스업체 2위인 회사로 창업자 나라야나 무르티는 인도 IT계의 간디로 불림)의 경우 미국 시장이 매출의 62%, 유럽 시장이 22.5%를 차지하는 반면 인도 시장의 비중은 고작 3.2%에 그친다. 하지만 인도로 기업

세계화의 세계

활동을 이전하는 서구 기업들은 급속도로 늘어나고 있다.

BNP 파리바(BNP Paribas)와 소시에테제네랄(Société Générale)은 뭄바이, 첸나이, 벵갈루루에서 6,500명, 경영 컨설팅그룹 캡제미니(Cap Gemini)는 2만 7,000명을 고용하고 있다. 30년에 걸쳐 진행된 인도의 아웃소싱 업무는 이제 단순한 업무지원에서 정교한 전문기술 영역으로 발전하고 있다.

인도를 향한 서구 기업의 해외 이전과 임금 상승은 이제 북반구 엔지니어, 기술자들에게도 영향을 미칠 정도로 서로 정교하고 밀접하게 연결되어 있다.

에너지·자원 확보 나선
강대국들의 주도권 경쟁

먼 옛날부터 농업, 광업, 에너지 자원의 분포는 패권을 둘러싼 강대국 간의 지경학적·지정학적 대결과 국제분업에서 중요한 역할을 해 왔다. 수십억 인류의 일상생활이 선도자, 국가, 초국적 기업의 전략과 시장가격에 달려 있다고 볼 수 있다. 그래서 세계의 유한성과 일부 자원의 고갈에 직면하여 더욱더 합리적이고 지속 가능한 경영을 추진하는 것이 주요 과제이다.

세계 원자재 시장의 주역으로 등장한 중국

지난 25년 동안 농업과 광업 생산의 글로벌 가치는 두 배가 되었다. 글로벌 공급에서 북반구가 차지하는 비율이 53%에서 40%로 감소한 반면, 세계 경제 강국으로 부상한 중국과 지역별 선도자들이 주도한 새로운 공간의 개척 및 새로운 자원의 개발에 힘입어 남반구가 전 세계 GDP에서 차지하는 비율은 47%에서 60%로 늘어 5분의 3을 점유하게 되었다. 하지만 일부 자원, 특히 농업 자원은 주로 내수용으로만 소비(소규모 자급적 농업)되며 국외로 수출되지 않는다.

현대에 들어서면서 열대식물 커피는 국제 시장에서 거래되고 있다. 주요 수출국은 브라질, 베트남, 콜롬비아이다. 베트남은 접경 산맥에서 경작지를 확대해 로부스타를 대량 생산하는 반면, 에티오피아나 콜롬비아는 고급

세계화의 세계

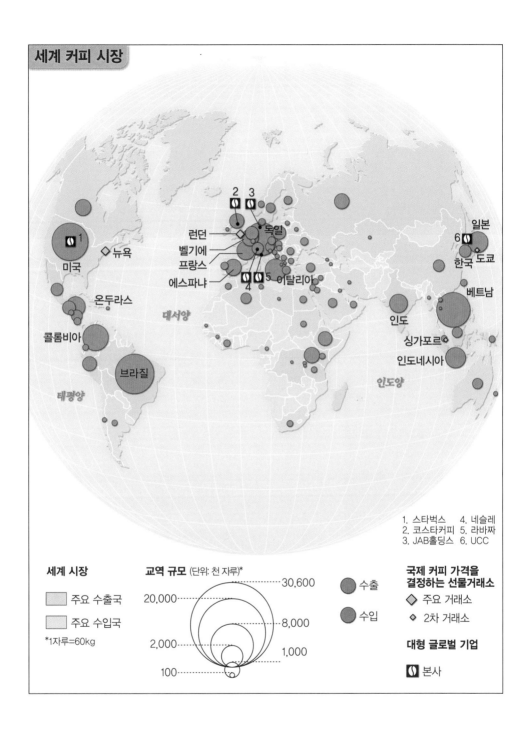

세계 커피 시장

1. 스타벅스   4. 네슬레
2. 코스타커피 5. 라바짜
3. JAB홀딩스   6. UCC

세계 시장

☐ 주요 수출국
☐ 주요 수입국
*1자루=60kg

교역 규모 (단위: 천 자루)*

30,600
20,000
8,000
2,000
1,000
100

● 수출
● 수입

국제 커피 가격을
결정하는 선물거래소

◇ 주요 거래소
◇ 2차 거래소

대형 글로벌 기업

🕗 본사

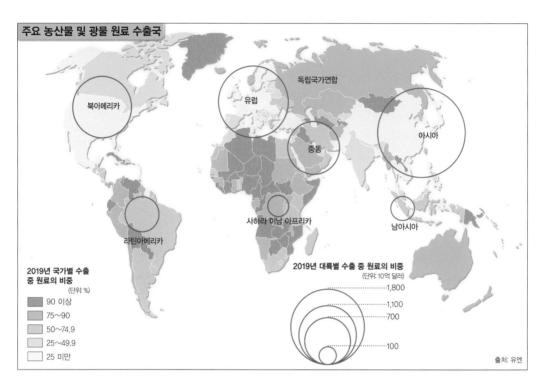

주요 농산물 및 광물 원료 수출국

독립국가연합

유럽

북아메리카

중동

아시아

사하라 이남 아프리카

남아시아

라틴아메리카

2019년 국가별 수출
중 원료의 비중
(단위: %)

90 이상
75~90
50~74.9
25~49.9
25 미만

2019년 대륙별 수출 중 원료의 비중
(단위: 10억 달러)

1,800
1,100
700
100

출처: 유엔

종(아라비카)과 테루아르(Terroir) 라벨을 선호한다.

커피 소비가 세계 전역에서 늘고 있지만 주요 수입국은 여전히 유럽과 북미 중심의 북반구 국가들이다. 또한 국제 커피 가격은 런던, 뉴욕, 도쿄, 싱가포르의 선물거래소에서 결정된다.

반면 곡물(옥수수, 밀 등), 목재, 어류 또는 환금작물(사탕수수, 목화, 커피, 코코아, 땅콩, 캐슈너트, 꽃 등)은 광물이나 에너지와 마찬가지로 오늘날의 세계화된 시장에 적합한 상품으로 떠올랐다.

각 국가의 수출에서 원자재가 차지하는 비중은 사용 가능한 자원과 개발 수준에 따라 달라진다. 경제의 다각화 정도를 결정하는 요인이기 때문이다. 원자재 가격은 1990년대의 정체기 이후 2000~2010년대에 2.5배 폭

세계화의 세계

등해 전례 없는 성장을 기록했으나, 2013년부터 2019년 사이에 30% 폭락했다. 구조적으로 상당수 남반구 국가들이 원자재에 의존하는 비중이 여전히 절대적이기 때문이다. 다양한 형태로 발전을 거듭한 세계화가 남긴 유산의 관성이 얼마나 강한지를 방증하는 것이다. 중국은 서구 주요 국가에 이어 아프리카, 라틴아메리카, 러시아, 중앙아시아 등에 전방위적으로 막대한 자금을 투자해 원자재 공급 확보에 나서면서 세계시장의 주역이 되었다.

미국은 중국, 인도에 이어 세계 3위의 농업 강국

유럽(세계 수출의 40%)과 북미(16%)는 예외적인 잠재력, 선도적인 농산업·과학기술 단지, 생산 및 수출에 대한 선제적 원조·지원 정책을 기반으로 여전히 농업 강국의 지위를 유지하고 있다. 이들 국가는 남반구 농민들에게 위협이 될 정도로 뛰어난 생산성을 자랑한다. 25년 만에 생산량을 두 배로 늘린 미국은 중국, 인도에 이어 세계 3위의 농업 강국이자 농산물 수출대국으로서 세계시장에서 중요한 역할을 하고 있다.

19세기 후반 이래 아이오와, 일리노이, 인디애나 등에 펼쳐진 대평원을 기반으로 농업 강국이 된 미국은 밀, 옥수수, 콩 재배로 세계의 주요 곡창지대 가운데 하나가 되었다. 부분적으로는 목우와 양돈 등 축산업도 큰 역할을 했다. 다국적 기업에 걸맞게 국내 및 해외 수요 상황을 예측하면서 경작지를 확대 또는 축소함으로써 생산량을 조절한다. 최근 몇 년 사이 다코타와 미네소타 쪽으로도 경작지가 확대되었다.

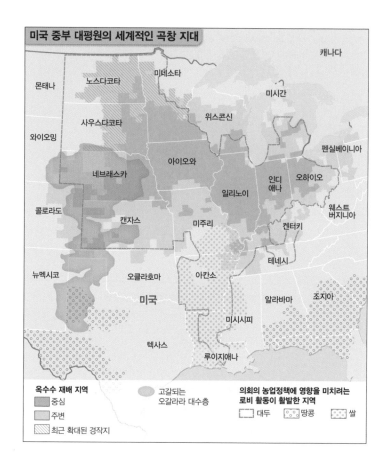

미국 중부 대평원의 세계적인 곡창 지대

옥수수 재배 지역
- 중심
- 주변
- 최근 확대된 경작지

고갈되는
오갈라라 대수층

의회의 농업정책에 영향을 미치려는
로비 활동이 활발한 지역
- 대두
- 땅콩
- 쌀

그러나 미국은 서부 지역(네브래스카, 캔자스, 텍사스 북부)의 오갈라라 대수
층 고갈과 관련된 심각한 위기에서 알 수 있듯이 대규모 관개농업의 지속
가능성에 대한 의문이 제기되고 있다. 농산업 단지의 이익을 대변하는 강
력한 압력단체들도 국제시장에 영향력을 미치기 위해 하원과 상원에 압력
을 행사하고 있기 때문이다. 또한 이들의 로비 활동이 미국의 농업 및 무역
전략에 큰 영향을 미치기도 한다.

빅테크 기업의 세계화, 아시아 신흥 강국의 도전

연구, 혁신, 과학과 기술의 진보는 국가와 기업 간의 권력관계의 핵심이다. 전문적이고 전략적인 특정 기술은 매우 양극화되어 있으며, 주로 세계 주요 도시에 자리한 특정 영역(클러스터, 기술단지 등)이 주도하고 있다. 그러나 새로운 강국들의 출현은 혁신과 기술의 국제질서를 변화시키고 있다.

미국 빅테크 기업들이 시장의 세계화와 기술혁신을 주도

전문적이고 전략적이며 큰 비용이 있어야 하는 연구개발은 국가와 기업이 사활을 걸 만큼 집중하고 있고, 따라서 양극화를 피할 수가 없다. 상위 5개국에 연구개발비의 73%가, 15개국에 85%가 집중되어 있을 정도이다. 미국이 전체의 28%를 차지하며 1위를 유지하는 한편, 2011년 특허출원국 1위로 등극한 중국(25.6%)이 일본(9.6%), 독일, 프랑스를 제치고 2위에 올랐다.

기업과 시장의 세계화와 기술혁신의 가속화는 시장의 통제, 기술의 유출, 특허분쟁 등 경쟁의 심화로 발전한다. 시장의 논리와 개발에 대한 요구 사이에서 기술혁신은 보급/보유, 경쟁/협력이라는 상호모순에 직면해 있다. 이를 극복하기 위해서는 대도시로의 집중이 가장 적절한 해결책으로 보인다. 노동시장의 수준이 높고 유연하며 상호 연결되어 있기 때문이다.

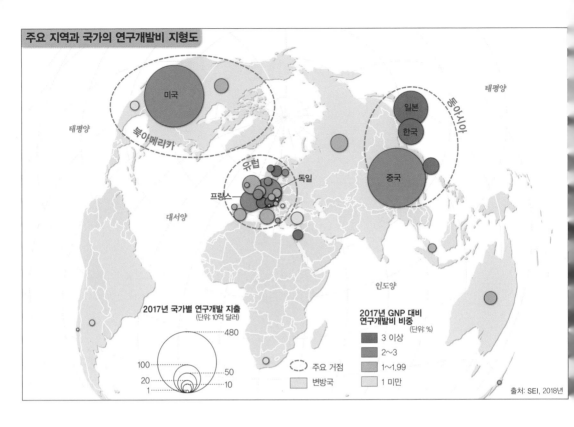

주요 지역과 국가의 연구개발비 지형도

2017년 국가별 연구개발 지출
(단위: 10억 달러)

480
100
50
20
10
1

주요 거점
변방국

2017년 GNP 대비
연구개발비 비중
(단위: %)

3 이상
2~3
1~1.99
1 미만

출처: SEI, 2018년

과학의 발전과 기술의 혁신은 글로벌 패권을 좌우하는 분야 가운데 비중
이 점점 더 커지고 있다. 미국의 경우는 연구개발비 지출의 4분의 1(독일과
같은 규모)을 차지하는 캘리포니아를 위시해, 10개 연방 주가 전체 64%를
점유한다. 또한 미국 내 주요 연구 거점은 8개 아이비리그 명문대(하버드, 예
일, 프린스턴, 컬럼비아 등)를 포함한 우수 대학교들의 연구 잠재력, 로스앤젤
레스의 실리콘밸리 및 샌프란시스코, 뉴욕, 보스턴 등 글로벌 혁신의 중심
지에 기반을 두고 있다. 이 지역들은 구글, 애플, 메타, 아마존 등 글로벌
빅테크 기업의 탄생과 발전의 요람이기도 하다.

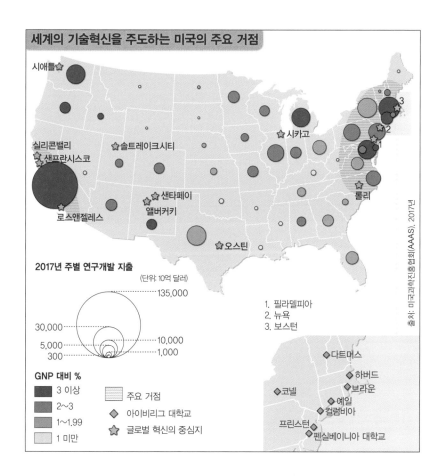

세계의 기술혁신을 주도하는 미국의 주요 거점

시애틀☆

실리콘밸리
☆☆샌프란시스코

☆솔트레이크시티

☆시카고

3

2

1

롤리☆

☆샌타페이
앨버커키

☆오스틴

로스앤젤레스

2017년 주별 연구개발 지출

(단위: 10억 달러)

135,000

30,000
10,000
5,000
300
1,000

GNP 대비 %

3 이상

2~3

1~1.99

1 미만

주요 거점

◆ 아이비리그 대학교

☆ 글로벌 혁신의 중심지

1. 필라델피아
2. 뉴욕
3. 보스턴

출처: 미국과학진흥협회(AAAS), 2017년

◆다트머스

◆하버드

◆브라운

◆코넬

◆예일

◆컬럼비아

프린스턴◆

◆펜실베이니아 대학교

전 세계를 빛의 속도로 연결하는 광섬유 해저케이블

IT 기술이 지리와 무관하게 이루어질 것이라는 생각과 달리, 주요 기술혁신은 전략적 역할을 하는 인력 등 여러 지원시스템으로 구성된 지리적 영역을 기반으로 전개되고 있다.

　정보과학, 인터넷, 미디어(클라우드 컴퓨팅 등)의 발달은 서버 및 데이터 저장센터의 발전을 바탕으로 한다. IT산업의 발달을 이끄는 선도기업들은 자체 사이트(구글, 아마존, IBM 등)를 보유한 반면, 글로벌 하청기업 10여 개는 여러 부문(은행, 정보과학, 통신, 미디어 등)의 서비스 아웃소싱을 담당한다.

6만 명의 직원이 고용된 약 3,600개의 데이터센터 중 42%는 미국에, 33%는 서유럽에 분포하는 등 전체의 83%가 선진국에 자리하고 있다. 인도와 중국은 그 뒤를 이어 데이터센터를 확충하는 추세이다.

주요 기업을 비롯한 사용자들과 최대한 가까운 위치 설정은 곧 세계화의 세계 공간을 구성하는 뿌리 깊은 구조와 영역의 특징을 그대로 반영하고 있다. 초국적 첨단기업들은 글로벌 디지털 공간에서도 접속 빈도와 연결 속도가 최상위에 있는 초거대도시에 우선하여 분포한다. 미국 동북부 연안

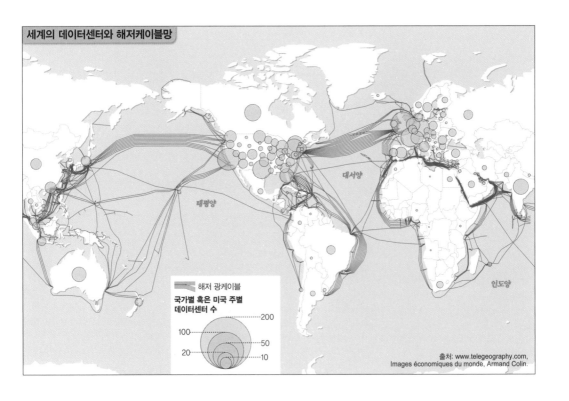

세계의 데이터센터와 해저케이블망

해저 광케이블
국가별 혹은 미국 주별
데이터센터 수

출처: www.telegeography.com,
Images économiques du monde, Armand Colin.

세계화의 세계

의 메갈로폴리스, 텍사스, 캘리포니아, 런던, 파리, 밀라노 등이 이에 해당한다.

디지털 데이터(사운드, 이미지 등) 트래픽의 폭발적 증가와 웹 및 인터넷의 급속한 발달은 전 세계를 빛의 속도로 연결하는 광섬유 해저케이블이 중심적인 역할(전체 트래픽의 90%)을 하는 초고속통신망을 기반으로 한다.

지정학적 차원에서는 인터넷의 글로벌 거버넌스(조직, 관리, 규제 및 통제)에 대한 미국의 전통적인 헤게모니에 유럽연합과 아시아 신흥 강국이 양쪽에서 도전하고 있는 셈이다.

'세계의 공장' 중국과
글로벌 생산기지 재편

탈산업화 사회에 대한 장밋빛 전망과 달리 글로벌 생산 체제는 여전히 수많은 노동자를 동원해 생산 가치와 수량 면에서 유사 이래 최대 성과를 자랑하고 있다. 제조업이 세계화 국면에서 권력의 근간을 이루고 있는 것이다. 프랑스 학자 피에즈 블레츠가 '초산업'이라고 규정한 세계화 시장의 제조업 활동은 세계 공간의 국제분업 구조 안에서 수십 년 동안 새로운 국가와 시장으로 널리 확산했다.

전 세계 제조업 생산의 70%를 10개국이 차지

글로벌 제조업 생산 가치는 10년 만에 46%가 증가했다. 우리는 현재 세계화의 국제균형이라는 측면에서 중대한 변화를 목도하고 있다. 특히 제조업은 위기 상황에 놓인 서구 선진국들과 달리 아시아가 세계 성장의 82%를 주도하고 있다.

2013년 중국은 놀라운 성장세를 보이며 일본과 독일을 훨씬 앞서 미국을 제치고 세계 1위의 제조업 강국으로 등극했다. 그 뒤를 이어 인도가 프랑스를, 멕시코가 에스파냐를, 브라질이 캐나다를 추월했다.

전 세계 제조업 생산의 70%를 10개국, 83%를 20개국이 차지하는 것을 보더라도 제조업 부문은 매우 양극화되어 있다. 그러나 생산기지의 해외 이전(직물, 의류, 자동차, 전자제품 등)을 비롯해 산업 활동은 세계적인 차원에

세계화의 세계

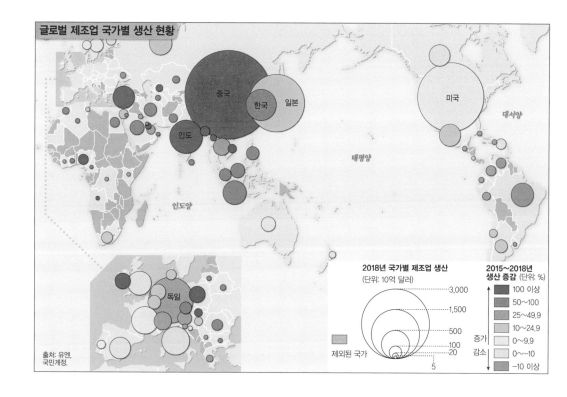

글로벌 제조업 국가별 생산 현황

중국 한국 일본 미국 대서양 인도 태평양 인도양 독일

출처: 유엔, 국민계정.

2018년 국가별 제조업 생산 (단위: 10억 달러)
3,000
1,500
500
100
20
5
제외된 국가

2015~2018년 생산 증감 (단위: %)
100 이상
50~100
25~49.9
10~24.9
0~9.9
0~-10
-10 이상
증가
감소

서 매우 큰 규모와 속도로 확산하고 있음을 볼 수 있다. 이 과정에서 제조업은 서유럽(폴란드, 슬로바키아, 루마니아, 튀르키예, 모로코 등), 동남아시아(베트남, 필리핀, 태국 등), 남아시아(인도, 방글라데시, 파키스탄), 중앙아메리카와 같은 주변부의 통합에도 일정한 영향을 미치고 있다.

제조업의 세계화는 영역의 재편에도 크게 영향을 미치고 있다. 국제노동기구(ILO)에 따르면 2000년부터 2017년 사이 전 세계 제조업 부문 일자리는 40% 증가해 7억 1,000만 개에 달한다. 북미와 유럽연합에서는 일자리 1,500만 개가 줄어 총 8,200만 개가 되고, 고부가가치 부문과 전략적 기능(본사, 연구, 개발 등)으로 전문화되는 추세이다. 반면 남반구의 일자리 수는

3억 7,300만 개에서 5억 8,300만 개로 늘었다(2억 1,000만 개, 56% 증가).

글로벌 제조업의 상징인 자동차 생산기지의 재편

20세기 초에 탄생한 자동차는 선진국을 시작으로 해서 전 세계로 확산한, 이동 수단을 대표하는 전체 제조업의 상징이다. 자동차 보급률이 낮은 남반구는 서구 시장의 포화 상태에 직면한 소수 대형 초국적 기업(도요타, 폭스바겐, 현대, 제너럴모터스, 포드, 피아트, 르노, 푸조, 타타)의 공세와 함께 점점 더 세계화되는 시장에서 막대한 수요를 감당하고 있다.

하지만 첨단 자동차산업의 개발과 제조는 여전히 지리적으로 편중되어 있다. 세계 총생산량의 78%를 10개국이, 87%를 15개국이 차지하고 있다. 2000년부터 2018년 사이 전 세계 자동차 생산량은 4,100만 대에서 7,100만 대로 증가(+73%)하는 한편 생산기지는 신흥국가로 지리적 이동이 이루어졌다. 유럽의 생산량은 안정적으로 유지되고 있지만, 세계 총생산량에서 차지하는 비율은 40%에서 23%로 감소했고, 북미자유무역협정(NAFTA) 권역의 경우 생산량 자체가 줄면서 20%에서 7%로 감소했다.

미국 제조업의 요람이었던 '러스트 벨트'가 쇠락하는 상황에서 2016년 도널드 트럼프가 '미국을 다시 위대하게(Make America Great Again)'라는 슬로건으로 대통령에 당선된 것은 일부 노동자 계층 사이에서 보호무역주의 기조(NAFTA 재협상 논의 등)가 강화되었음을 보여준다. 그러나 미국의 은근한 견제에도 중국은 33%로 일본(11.7%)과 독일(7%)을 크게 앞섰다. 한국과 인도가 미국을 추월하는 한편, 브라질은 영국과 프랑스를 추월했다.

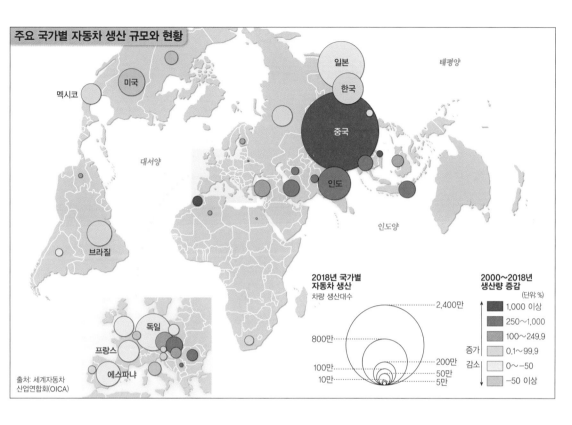

주요 국가별 자동차 생산 규모와 현황

일본
태평양
미국
한국
멕시코
중국
대서양
인도
브라질
인도양

2018년 국가별
자동차 생산
차량 생산대수

2000~2018년
생산량 증감
(단위: %)

독일
프랑스
에스파냐

출처: 세계자동차
산업연합회(OICA)

2,400만

800만

100만
10만

200만
50만
5만

1,000 이상
250~1,000
100~249.9
0.1~99.9
0~-50
-50 이상

증가
감소

이러한 맥락에서 자동차 생산시스템의 기술적 진보(신뢰성, 공해와의 전쟁,

자율주행차와 전기차 등)가 중요한 문제로 대두되고 있다.

한편 중국(둥펑의 푸조 인수, 지리의 볼보 인수, 켐차이나의 피렐리 인수 등)과 인

도(타타의 재규어 · 랜드로버 인수) 기업들은 서구 자동차나 장비 제조사들의

지분을 사들이거나 인수해 지식, 노하우, 기술을 흡수하고 있다. 이들 기업

은 또한 자동차 생산기지의 전문 클러스터 개발을 위해 자국 내 합작회사

를 늘리고 있다.

세계 외환시장의 63%를
10개 서구 은행이 점유

전통적으로 경제·사회·블록 활동에 필요한 자금을 조달하는 데 사용되던 글로벌 금융시스템은 현재 지나치게 비대해지면서 투기자본의 놀이터로 변하고 있다. 소수의 기업과 자산가를 위한 새로운 투기형 금융시스템이 조성되기 시작한 것이다. 일례로 글로벌 금융시장의 규제가 1980~1990년대에 완화되거나 철폐되면서 2007년에는 1929년 대공황 이후 최악의 글로벌 금융위기가 발생했다.

중국, 인도 등 신흥 금융시장도 눈부신 성장 거듭

금융시장(주식, 채권, 통화, 원자재 등)은 특정 블록을 기반으로 한 정치적·법적·기술적·사회적 구성체이다. 이 시장은 주요 지경학적·지정학적 영향력 문제를 상징하기도 한다. 예를 들어 2019년 기준 전 세계 공공 및 민간 부채가 250조 달러(글로벌 GDP 대비 320%)를 넘어섰다. 이는 채무 상환능력에 대한 의구심을 키우는 수준이라고 할 수 있다.

이 시장은 공공(정부, 규제기관, 중앙은행 등) 및 민간(은행, 보험회사, 연기금, 헤지펀드 등) 행위자로 구성된다. 이들 행위자의 전략과 목표는 수십억 명의 일상생활에 즉각 영향을 미친다. 글로벌 주식시장은 80개의 증권거래소로 구성되지만, 그중 상위 10대 거래소가 글로벌 시가총액의 75%를 차지한다. 특히 뉴욕증권거래소(NYSE)와 나스닥(NASDAQ)이 40%를 차지한다. 한

세계화의 세계

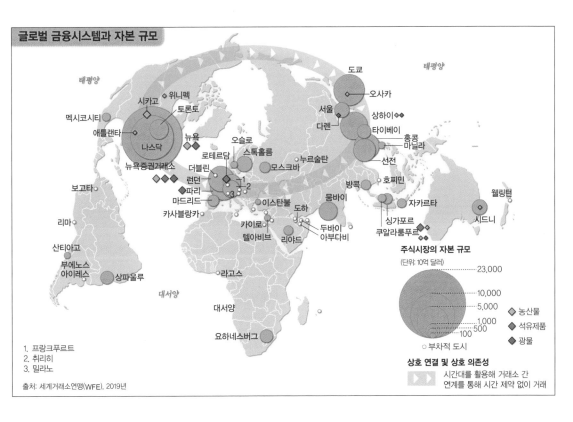

글로벌 금융시스템과 자본 규모

태평양

태평양

도쿄

오사카

시카고 위니펙

서울

멕시코시티 토론토

상하이◆◆

다롄

타이베이

애틀랜타 뉴욕

나스닥

오슬로

홍콩

마닐라

뉴욕증권거래소

로테르담 스톡홀름

선전

더블린

누르술탄

보고타

런던

모스크바

1 2

방콕

호찌민

파리

3

마드리드

뭄바이

자카르타

리마

카사블랑카

이스탄불

도하

싱가포르

웰링턴

산티아고

카이로

쿠알라룸푸르

시드니

텔아비브

리야드

두바이

아부다비

부에노스

아이레스 상파울루

주식시장의 자본 규모
(단위: 10억 달러)

대서양

라고스

23,000

10,000

대서양

5,000

1,000

◆ 농산물

500

◆ 석유제품

요하네스버그

100

◆ 광물

○ 부차적 도시

상호 연결 및 상호 의존성

▶▶▶ 시간대를 활용해 거래소 간
연계를 통해 시간 제약 없이 거래

1. 프랑크푸르트
2. 취리히
3. 밀라노

출처: 세계거래소연맹(WFE), 2019년

편 세계시장 자본 규모의 40%를 점유한 비서구권의 금융시장(중국, 인도, 브라질 등)도 최근 수십 년 동안 눈부신 성장을 거듭했다.

농산물, 석유, 광물 등의 원료 부문에서 서구 금융시장은 특정 대륙 혹은 제품에 특화된 2차 시장(쿠알라룸푸르, 싱가포르, 시드니, 위니펙) 등의 확산에도 불구하고 압도적인 지위(런던, 뉴욕, 시카고, 파리, 로테르담)를 유지하고 있다.

이 시장은 상호 연결되고 상호 의존적이므로, 거래소 간 연계를 통해 시간 제약 없이 거래할 수 있다. '시간이 곧 돈'이므로 세계 최대 증권거래소 중 하나인 인터컨티넨털 익스체인지(ICE)는 2017년부터 영국의 원자시계

시스템을 활용해 100마이크로초 이내 고빈도 거래자들의 전자거래를 기록하고 추적한다.

글로벌 외환시장의 63%를 10개 서구 은행(시티은행, JP모건 등)이 점유하고 있지만, 특히 미국은 1977년 이후 국내법의 역외적용을 통해 자국 이익을 위한 권력 수단으로 달러를 사용한다. 결국 아시아를 포함, 달러를 거래에 사용하는 모든 기업이나 국가는 미국의 정책(이란에 대한 무기 금수 조치 등)과 기소, 벌금 등 미국의 법률에서 벗어날 수 없다.

런던의 중심부에 자리한 금융 특구 '시티 오브 런던'

'시티 오브 런던'(약칭 시티)은 런던의 역사적 중심부에 자리한 면적 2.9km²의 금융 특구이다. 이곳은 대영제국과 현 영국의 금융 중심지로서 행정 및 조세 특권을 누린다.

1970년대 침체기를 지나 1986년 마거릿 대처 정부가 '금융 빅뱅(Big Bang)'을 단행하면서 은행, 보험사, 투자은행, 연기금, 헤지펀드 등이 몰리며 되살아나기도 했다. 하지만 오늘날 브렉시트로 인해 세계금융 중심지의 기능이 지속될 수 있을지 의문이 제기되고 있다.

매우 제한된 면적에 들어선 시티 오브 런던에는 금융시장의 공공인프라(잉글랜드 은행, 5개 거래소, 선물 거래 청산소, 감독청 등), 금융기관, 신용평가회사, 비즈니스 법률사무소, 전문 금융협회 등이 밀집해 있다.

이곳에서 근무하는 인원은 45만 5,000명에 달한다. 이 중 62%가 20~40대 연령층의 학위 소지자이며, 3분의 1이 외국인일 정도로 금융계의 특성상

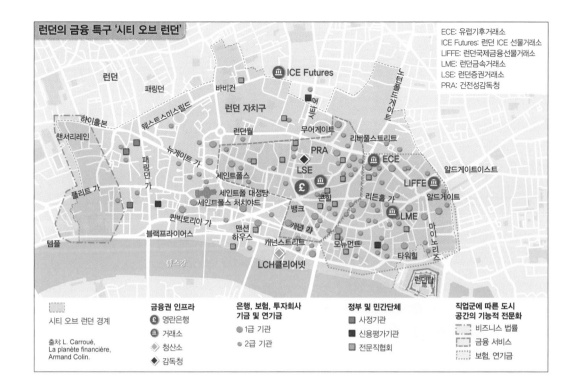

런던의 금융 특구 '시티 오브 런던'

ECE: 유럽기후거래소
ICE Futures: 런던 ICE 선물거래소
LIFFE: 런던국제금융선물거래소
LME: 런던금속거래소
LSE: 런던증권거래소
PRA: 건전성감독청

런던
패링던
바비컨
ICE Futures
런던 자치구
웨스트스미스필드
런던월
무어게이트
하이홀본
챈서리레인
리버풀스트리트
PRA
ECE
뉴게이트 가
런던월
LSE
패링던 가
세인트폴스
알드게이트이스트
LIFFE
플리트 가
세인트폴 대성당
콘힐
리든홀 가
알드게이트
세인트폴스 처치야드
퀸빅토리아 가
뱅크
캐넌 가
LME
템플
블랙프라이어스
맨션 하우스
캐넌스트리트
모뉴먼트
마이노리즈
템스강
LCH클리어넷
타워힐
런던탑

시티 오브 런던 경계

출처: L. Carroué,
La planète financière,
Armand Colin.

금융권 인프라
£ 영란은행
🏛 거래소
◇ 청산소
◆ 감독청

은행, 보험, 투자회사 기금 및 연기금
● 1급 기관
● 2급 기관

정부 및 민간단체
■ 사정기관
■ 신용평가기관
■ 전문직협회

직업군에 따른 도시 공간의 기능적 전문화
▦ 비즈니스 법률
▦ 금융 서비스
▦ 보험, 연기금

고임금 인력이다.

뿐만 아니라 시티 오브 런던은 정보 교환과 전략적 의사 결정이 쉽고, 비즈니스 중심의 대인관계 형성이 가능해 런던의 중심부 역할을 한다.

지리적으로는 중앙에 금융 서비스가, 서쪽에 비즈니스 법률이, 동쪽에 보험 및 연기금이 있다. 일부 금융 그룹은 포화 상태와 부동산 임대료 급상승으로 인해 1990년대에 더 동쪽으로 이전을 결정하고, 템스강 주변 도크랜즈에 있는 국제 금융도시인 카나리 워프로 자리를 옮겼다.

초국적 기업의 세계화는
국가의 대외정책과 직결

진정한 의미의 초국적 기업은 19세기에 두 번째 세계화와 함께 등장했다. 칭송받기도 하고 비난받기도 하는 이들 기업은 경제, 금융은 물론 문화의 세계화에서도 핵심 역할을 한다. 하지만 오늘날 진정한 의미의 '세계 기업(World Company)'이 존재한다고 평가하기는 어렵다. 서구의 헤게모니가 비서구 강국의 부상으로 위협받고, 전체 세계 공간의 장악은 여전히 도전 과제로 남아 있기 때문이다.

초국적 기업의 세계화에 따른 국가의 대외정책

세계 33개국에 모회사를 두고 있는 세계 500대 초국적 기업은 직원 7,030만 명을 고용하고 매출 32조 7,000억 달러를 기록하고 있다. 이들 초국적 기업이 세계 무역 및 해외직접투자 가운데 상당한 비중을 차지하는 세계화의 주요 행위자라고 할 수 있다. 서구의 319개 기업이 전체 일자리의 59%를 차지하며 세계 경제의 중요한 역할을 하고 있다. 125개 기업을 보유한 미국이 전체 일자리의 25%를 차지하며 선두를 달리고, 일본, 독일, 프랑스, 영국이 그 뒤를 잇고 있다.

그렇지만 지난 수십 년 동안 비서구 기업들이 역사상 전례 없이 약진하고 있다. 이들 지역의 181개 초국적 기업은 판매 및 투자 부문에서 차지하는 비중이 점점 더 커지고 있다. 고용 인원은 2,850만 명에 달한다. 미국에 버

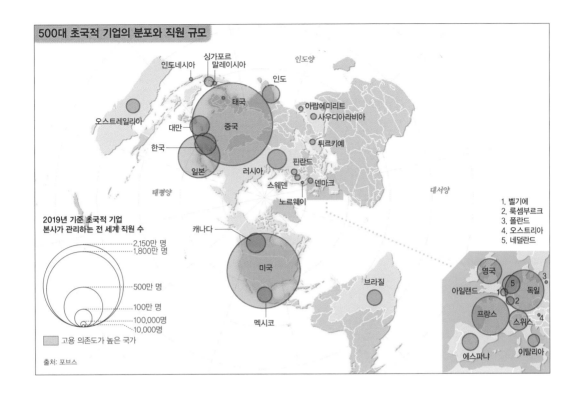

500대 초국적 기업의 분포와 직원 규모

2019년 기준 초국적 기업
본사가 관리하는 전 세계 직원 수

2,150만 명
1,800만 명
500만 명
100만 명
100,000명
10,000명

고용 의존도가 높은 국가

출처: 포브스

1. 벨기에
2. 룩셈부르크
3. 폴란드
4. 오스트리아
5. 네덜란드

금가는 122개 초국적 기업을 보유한 중국은 인도(7개), 러시아(4개), 브라질 (8개)을 크게 앞서며 제2의 경제 강국으로 자리매김했다.

중국은 세계 상위 20개 초국적 기업 중 3개를, 미국은 8개를 보유하고 있다. 양국은 여러 부문 및 세계의 여러 지역(아프리카, 라틴아메리카 등)에서 치열한 경쟁을 벌이고 있다. 이러한 글로벌 차원의 재균형 프로세스는 더욱 가속화될 전망이다.

한편 세계화의 기업 행위자들과 관련해 국가의 역할도 여전히 중요하다는 점을 강조할 필요가 있다. 국가가 기업 활동의 국제화를 위한 기반이자 안전판 역할을 하기 때문이다. 초국적 기업 대부분은 첫 번째 시장이자 투자, 생산 및 연구의 첫 번째 거점인 본국과 긴밀한 유대 관계를 맺고 있다.

아무리 자유주의적인 국가라 하더라도 지경학적 · 지정학적 이유로 자국을 대표하는 주요 기업의 경제활동에 대해 관심과 지원을 소홀히 하기는 불가능하다. 따라서 세계 곳곳의 정치 및 경제 지도자들이 서로 공생관계를 유지하며, 국가의 대외정책과 외교 전략에 초국적 기업의 이익을 보호하거나 촉진하고 있다.

일반적인 환상과 달리 초국적 기업의 전략은 세계 경제의 공정한 발전이나 경쟁과는 거리가 멀다. 시장의 크기, 정치적 · 법적 관행, 경제적 구조, 임금 비용과 노동 습관, 소비자의 취향, 동원 가능한 수단 및 기술, 인프라 수준 등 모든 영역에서 기업의 활동과 이익의 극대화를 위해 지역 간의 구조적 차이를 최대한 활용하는 데만 초점을 맞추고 있다. 초국적 기업의 횡포에 맞서 시민사회(노조, 협회 등)는 명백한 월권 또는 남용 행위에 대해 민주적인 견제 세력의 역할을 할 수 있을 뿐이다.

현대 초국적 기업의 세계화는 진보와 후퇴의 갈림길에 서 있을 뿐 결코 최종적인 단계는 아니다. 최근 몇 년 사이 일부 시장에서의 이동과 철수가 증가 추세인 데다 미 · 중 갈등 등 국제정치 상황이 불안정하기 때문이다. 그리고 2007년 세계 금융위기 이후, 여러 서구 은행이 생존을 위해 전체적 또는 부분적으로 '탈세계화'의 흐름을 보인다.

아랍에미리트의 에티살랏은 국제통신기업으로 성장

영국이 철수한 뒤 1971년에야 독립한 아랍에미리트는 7개 에미리트, 즉

7개 토후국으로 구성된 연합국이다. 각 에미리트는 폭넓은 자치 권한을 가진다. 경제는 탄화수소 산업을 기반으로 40년 동안 허브항만 및 허브공항, 기초산업, 금융, 부동산, 관광 및 레저 등에서 광범위하게 다각화되었다. 그 결과 두바이의 에미레이트항공, 아부다비의 에티하드항공과 통신기업 에티살랏 등 국제적 규모의 기업이 탄생하기도 했다.

1976년 가장 큰 에미리트이자 수도인 아부다비에 설립된 에티살랏은 아랍에미리트의 통신망(인구의 95%가 사용하는 고속인터넷, 유선 및 이동전화 등)을 지원한다. 국내 시장이 여전히 매출의 58%를 차지하지만, 협소한 국내 시장이 포화하면서 해외 시장을 개척해 17개국에 진출, 총 1억 6,200만 명의 가입자를 보유하고 있다.

한편 에티살랏은 세계적인 통신기업으로 잘나가는 듯 했지만, 다른 초국적 기업과 마찬가지로 일부 국가의 지정학적 불안정과 관련된 리스크로 2015년 수단과 탄자니아에서 철수하기도 했다.

물론 에티살랏은 중동(사우디아라비아와 이집트), 남아시아(파키스탄, 아프가니스탄, 스리랑카), 아프리카(나이지리아, 모로코) 등 세 지역을 중심으로는 국제통신기업으로 빠르게 성장 중이다.

특히 에티살랏은 모로코의 마록텔레콤을 인수해 프랑스어권인 사하라 이남의 아프리카 진출을 위한 교두보를 마련했다. 가입자 5,400만 명으로 매출의 4분의 1을 차지해 성장 가능성이 큰 마록텔레콤은 에티살랏의 자회사가 된 뒤 모리타니, 말리, 니제르, 부르키나파소, 코트디부아르, 토고, 베냉, 중앙아프리카공화국, 가봉에서 자체 브랜드로 독자적인 사업을 벌이고 있다. 이러한 기업 활동은 모로코가 페르시아만 국가들과의 협정을 확대함으로써 통신 분야뿐만 아니라 다른 경제활동에도 진출하려는 이 지

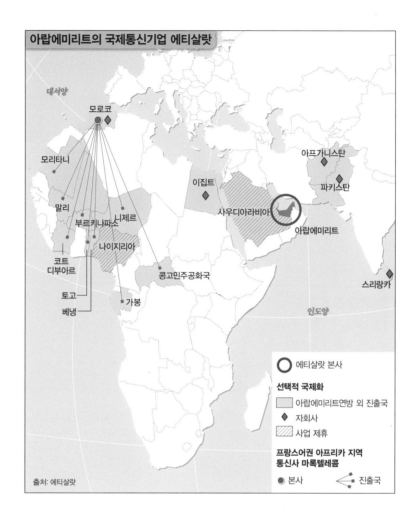

아랍에미리트의 국제통신기업 에티살랏

대서양

모로코

모리타니

아프가니스탄

파키스탄

말리

이집트

부르키나파소

니제르

사우디아라비아

아랍에미리트

나이지리아

코트
디부아르

콩고민주공화국

스리랑카

토고

가봉

인도양

베냉

○ 에티살랏 본사

선택적 국제화

아랍에미리트연방 외 진출국

◆ 자회사

사업 제휴

**프랑스어권 아프리카 지역
통신사 마록텔레콤**

● 본사   진출국

출처: 에티살랏

역 권력의 새로운 전략 일부이기도 하다.

에티살랏의 사례는 페르시아만 기업들의 새로운 시장 진출과 현재 국제
질서를 새롭게 구성하고 있는 지역연합이라는 세계화의 새로운 모델로 주
목받고 있다.

세계화의 세계

초국적 기업의 FDI는
세계화 지표이자 상징

해외직접투자(FDI)는 초국적 기업이 외국에 현지 회사를 인수하거나 직접 설립하여 다른 국가에 진출하는 것을 말한다. 세계화의 지표이자 상징이기도 하다. 그 지형도는 여러 요인(블록의 개방성과 비즈니스 기회 등)에 따라 달라지며, 모든 분야에서 세계적인 규모의 공간을 구성하거나 통합하고 배제하는 논리를 반영한다.

해외직접투자에서 미국은 자본 유출액과 유입액 모두 1위

초국적 기업들이 부상하면서 세계 총 해외직접투자 유입 잔액은 1990년 2조 2,000억 달러에서 2018년 33조 6,000억 달러로 15배 증가했다. 산업 부문이 총잔액의 4분의 1을 차지하는 한편 금융, 서비스, 무역도 급성장 중이다.

해외직접투자 자본의 출처는 어디일까? 해외투자 자본 유출국의 수는 많지 않다. 10개국이 세계 총투자자본 유출액의 71%를 차지하고, 20개국이 88%를 차지한다. 미국은 20%의 점유율로 네덜란드(7.5%), 영국(5%), 일본, 독일을 크게 앞선다. 중국은 홍콩을 포함할 때 12%로 2위에 오르게 된다. 지난 15년간 중국계 초국적 기업들이 세계화에 성공한 덕분이다.

그렇다면 이 자본은 어디로 유입될까? 그래도 해외투자 자본 유입국은 유출국에 비해 덜 편중되어 있다. 10개국이 세계 총유입액의 62%를 점유

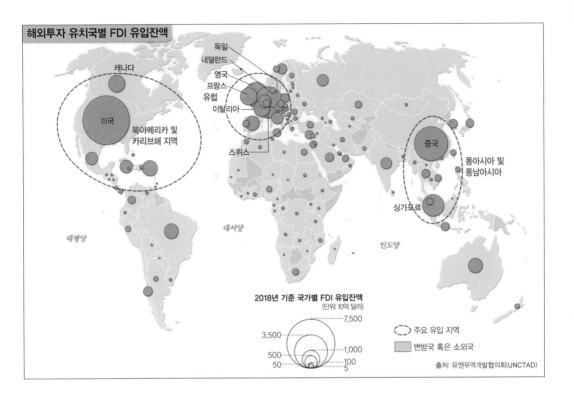

해외투자 유치국별 FDI 유입잔액

독일
네덜란드
영국
프랑스
유럽
이탈리아
스위스

캐나다
미국
북아메리카 및
카리브해 지역

중국
동아시아 및
동남아시아
싱가포르

태평양
대서양
인도양

2018년 기준 국가별 FDI 유입잔액
(단위: 10억 달러)

7,500
3,500
1,000
500
100
50
5

⬭ 주요 유입 지역
⬤ 변방국 혹은 소외국

출처: 유엔무역개발협의회(UNCTAD)

하고 있으며, 20개국이 78%를 점유하고 있다. 전체의 21%를 차지하는 미국은 영국, 독일, 싱가포르, 스위스, 프랑스와 마찬가지로 여전히 매우 매력적인 시장이다. 그러나 전체의 11%를 차지하는 중국은 거대한 내수시장과 재수출을 할 수 있는 생산 잠재력에 힘입어 2위에 올랐다.

초국적 기업들이 조세 회피처(케이맨제도, 버진아일랜드, 키프로스, 룩셈부르크, 싱가포르 등)로 옮기는 자금을 제외하고, 국가 경제에서 해외직접투자가 차지하는 비중은 광업이나 농업을 기반으로 하는 남반구 국가들(모잠비크, 콩고, 모리타니, 가이아나, 칠레 등) 또는 동유럽 국가들(불가리아, 헝가리, 에스토니아 등)이 높은 편이다.

세계화의 세계

베트남이 해외투자 유치국의 선두주자로 자리매김

해외투자 유입 잔액 1,450억 달러를 보유한 사회주의국가 베트남은 아시아권 국가에 대한 해외직접투자의 지리적·경제적·사회적 효과를 보여 주는 좋은 예이다. 유입 잔액 가운데 70%는 베트남의 두 대도시, 즉 남쪽의 호찌민과 북쪽의 하노이에 집중되어 있다. 가장 역동적이고 인프라가 가장 잘 구축된 공간으로 투자자본이 유입되면서 기존의 지역 간 격차도 더 벌어지고 있다.

인프라가 열악하고 소외된 중부의 해안평야지대와 내륙의 산악지대에는 투자자본의 유입이 매우 저조하다. 태국도 자원과 에너지는 물론 생산시설 조성의 바탕이 되는 해외투자 자본의 대부분이 수도 방콕 등 도시권에만 집중되고 있다.

베트남은 해외투자 자본으로 인해 대대적인 변화를 겪고 있다. 전체 근로자 중 농업 종사자의 비율이 15년 동안 65%에서 42%로 감소하고, 산업 부문 일자리 800만 개가 창출되는 등 급속한 산업화의 길을 걷고 있다. 산업 부문 종사자 비율은 12%에서 24%로 증가하고, 총 산업생산 가치는 두 배로 증가하였다.

제조업(전기 및 전자 기기, 섬유, 자동차 장비 등)은 전체 수출의 82%를 차지한다. 베트남은 중국, 한국, 일본, 대만에서 부품을 수입해 조립한 뒤 미국, 유럽연합, 일본으로 재수출하고 있다.

베트남이 해외직접투자 유치국으로 부상한 것은 베트남 정부와 공산당이 1986년 대대적인 개혁 정책(토지의 사유화, 민영화, 개방 정책 등)을 채택한 덕분이다. 이러한 경제발전의 전환점은 1992년 중국과, 1994년 미국과 국

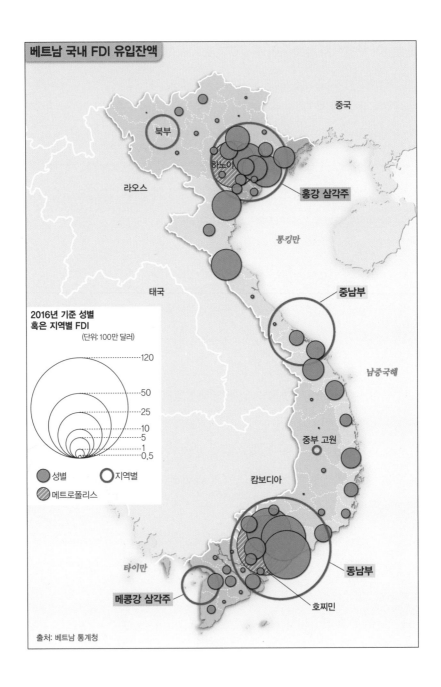

베트남 국내 FDI 유입잔액

중국

북부

하노이

홍강 삼각주

라오스

통킹만

중남부

태국

2016년 기준 성별
혹은 지역별 FDI

(단위: 100만 달러)

120

50

25

10
5
1
0.5

남중국해

성별

지역별

메트로폴리스

중부 고원

캄보디아

동남부

타이만

호찌민

메콩강 삼각주

출처: 베트남 통계청

세계화의 세계

교를 정상화하면서 시작되었다. 이후로도 베트남은 1995년 동남아시아국가연합(ASEAN), 1998년 아시아태평양경제협력체(APEC), 2006년 세계무역기구(WTO)에 가입했다. 따라서 세계화에 적극적으로 대응하는 개방 정책은 분명 주권국으로서의 정치적 선택이라고 할 수 있다.

1945년부터 1973년까지 프랑스와 미국을 상대로 오랜 민족해방전쟁을 벌인 끝에 1976년 통일을 이룩한 베트남은 이제 급속한 경제성장과 함께 지역과 계층 간 불평등 등 여러 과제에 직면해 있다.

발전을 거듭하고 있는 베트남은 현재 약 1억 명에 가까운 인구를 보유한 인구 대국으로, 인구의 41%가 25세 미만이라는 장점도 있다. 그러나 노동시장에서 이들을 흡수하기 위해서는 연간 100만 개의 일자리를 창출해야 한다는 부담도 함께 안고 있다.

세계화의 네트워크인 물류와 교통 인프라

우리는 사람, 상품, 자본, 정보 이동의 폭발적인 증가가 운송의 밀도, 상호 연결성, 효율성 및 비용에 의해 좌우된다는 사실을 종종 잊곤 한다. 교통과 물류의 네트워크 및 거점은 세계 모든 곳에 고르게 분포하고 있지 않다. 교통 인프라의 부익부 빈익빈 현상만 두드러지는 것이다. 또한 세계의 모든 영역은 모두 같은 속도로 발전하지 못한다.

세계 교통과 통신의 발달로 이동과 교류의 양이 급증

전 세계 교통 및 통신 활동은 이동과 교류의 양이 폭증하면서 30년 사이 175% 이상 증가했다. 하지만 착각해서는 안 된다. 지상 공간은 축소되지 않았고, 시간도 여전히 그대로이다. 물류시스템은 해저케이블 절단, 지진, 화산 폭발, 지역 분쟁 등과 같이 아주 작은 이유로도 마비될 수 있다. 거리와 시간의 관계를 다루는 인간의 능력은 매우 선택적이고 체계적이다. 영역의 상호 연결은 국가와 지역에 따라 지리적으로 매우 불평등한 상태를 유지하는, 효율적이고 안전한 인프라를 기반으로 한다. 따라서 비용 절감 등 효율성을 앞세운 과잉 통합 및 과잉 배제 현상을 초래하는 심각한 양극화가 발생한다.

북아메리카, 동아시아 및 동남아시아, 서유럽 등 3개의 거점이 글로벌 물

세계화의 세계

강에서 바다로 확장하는 로테르담항

항구 개발 시기
- ■ 중세
- ■ 19세기 말~1930년
- ■ 1950~1960년
- ■ 1960~1970년
- ■ 1980~1990년
- □ 2009~2035년

마스플락트2　마스플락트1
네덜란드
신수로
외로포르트
로테르담
역사지구
로테르담항
북해
보틀렉
발하벤
엠하벤

류 활동의 74%를 차지하는 반면, 라틴아메리카와 아프리카는 상대적으로 미미한 수준(9.5%)에 머무른다. 10개국이 글로벌 운송 서비스의 65%를 제공하고, 20개국이 80%를 담당하는 한편 일부 거점(싱가포르, 홍콩, 아랍에미리트 등)은 지역 또는 대륙 내 재유통을 전문으로 특화되어 있다.

세계와 유럽 내륙을 연결하는 네덜란드 로테르담항

역사적으로 세계적인 무역 국가인 네덜란드 로테르담항의 기능 및 공간의 변화는 해상 운송의 변화가 지역 및 대도시에 미치는 영향을 상징한다. 대서양에 인접한 서유럽의 방대한 항만 지역인 로테르담은 북동항로에 속하며, 역사적으로 중세 시대에 탄생한 항구(보르도, 낭트, 루앙, 런던, 안트베르펜, 브레멘, 함부르크 등)로 강 하구에 자리 잡고 있다.

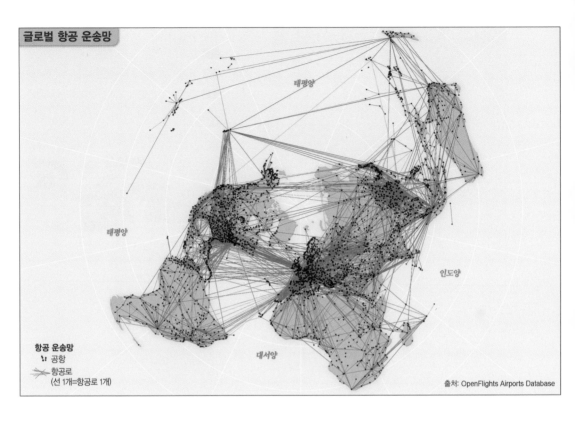

글로벌 항공 운송망

태평양

태평양

인도양

대서양

항공 운송망
공항
항공로
(선 1개=항공로 1개)

출처: OpenFlights Airports Database

로테르담항은 수백 년 동안 네덜란드의 점진적 개발과 함께 상류에서 하류 쪽으로 엠하벤 유통단지와 발하벤 물류회사가 들어서면서 서서히 변화하기 시작했다.

물류 및 산업(석유화학, 화학, 금속공업, 농산물 가공업 등) 등으로 활동 영역을 확대하고, 무엇보다 선박의 대형화에 대응할 수 있도록 첨단 항만시설을 갖추는 게 목표였다.

하류의 개발은 1950~1990년대에 보틀렉, 외로포르트, 마스플락트1 등 3개의 새로운 물류단지가 조성되면서 점점 가속화되었다. 마지막으로 2009

세계화의 세계

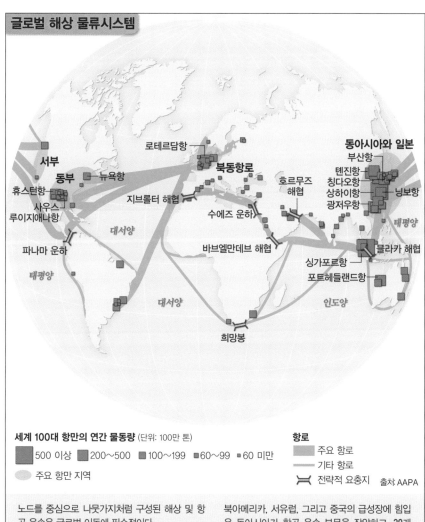

글로벌 해상 물류시스템

로테르담항
북동항로
동아시아와 일본
부산항
텐진항 칭다오항
서부
동부 뉴욕항
호르무즈 해협
상하이항 닝보항
광저우항
휴스턴항
사우스 루이지애나항
지브롤터 해협
수에즈 운하
태평양
대서양
파나마 운하
믈라카 해협
바브엘만데브 해협
싱가포르항
태평양
포트헤들랜드항
인도양
대서양
희망봉

세계 100대 항만의 연간 물동량 (단위: 100만 톤)

■ 500 이상 ■ 200~500 ■ 100~199 ■ 60~99 ▪ 60 미만

○ 주요 항만 지역

항로

━ 주요 항로

━ 기타 항로

⋈ 전략적 요충지   출처: AAPA

노드를 중심으로 나뭇가지처럼 구성된 해상 및 항공 운송은 글로벌 이동에 필수적이다.

운송 부문은 10년 사이 연간 항공 승객 수가 50% 증가해 2019년 기준 45억 7,900만 명에 이르는 엄청난 성장을 기록했다.

3,200개 공항은 단순한 중개나 노드 역할을 하고, 6만 개의 다양한 항공로를 갖고 있다.

항공사들은 3대 주요 국제 '동맹'(스타얼라이언스, 스카이팀, 원월드)을 중심으로 협력 관계를 맺고 있는데, 환승연계성이 뛰어난 주요 허브공항과 함께(에어프랑스와 루아시 등) 서비스를 제공한다.

북아메리카, 서유럽, 그리고 중국의 급성장에 힘입은 동아시아가 항공 운송 부문을 장악하고, 20개 공항이 전 세계 항공 운송의 50%를 차지하지만, 아랍에미리트와 두바이 공항도 성장을 위해 노력 중이다.

해상 운송 구조도 성장을 거듭하는 전문 컨테이너 선단과 글로벌 해운 동맹(오션 얼라이언스, 2M, 디 얼라이언스) 중심의 주요 선사(APM 머스크, MSDC, 코스코, CMA CGM, J3), 주요 정기 노선 및 항만 지역 대형 허브 등으로 구성되어 있다. 중국의 성장이 눈에 띄게 뚜렷하다.

년에서 2035년까지 시행 중인 마스플락트2 프로젝트는 간척을 통해 대규모 외항을 건설하고 컨테이너 운반선 터미널을 설치하는 것을 목표로 한다. 전 세계를 운항하는 이들 선박이 하치한 화물은 이곳을 거쳐 유럽 내륙지역으로 이동하게 된다.

교통수단의 다양화로
전 세계의 관광지화

19세기 무렵부터 서유럽에서 개인의 여가를 위해 본격화한 국제관광은 널리 대중화되고 비약적으로 발전 중이다. 세계 공간 차원에서 관광산업이 발전하는 배경에는 교통혁명, 생활 수준 향상, 자유시간 확대 등이 있다. 그 덕분에 서로 다소 먼 거리에 있는 관광객 유출국과 유입국이 시공간의 제약에서 비교적 자유롭게 상호 연결된다. 국제관광의 유출국과 유입국은 점점 다양화되는 추세이다.

국제관광의 세계적인 유행과 관광산업의 발달

세계를 오가는 국제관광객은 25년 사이에 2.6배(2018년 기준 14억 명), 관광 수입은 3.5배(1조 7,000억 달러) 증가했다. 그중에서 특히 3대 연안 지역(유럽-지중해, 아시아-태평양, 북아메리카-카리브해), 주요 대도시 및 대형 해안·산악 리조트가 세계화된 관광지로 주목받고 있다. 또한 전 세계 관광 분야 일자리는 3억 개에 달한다.

현재 국제관광은 교통수단의 다양화(크루즈 등)와 세계 공간의 관광지 확대에 발맞추어 발전을 거듭하고 있다. 이제는 오스트레일리아의 사막, 아마존 밀림, 히말라야, 극지방 등 지구상에서 인류가 거주하는 지역이라면 어디든 관광객이 유입되는 추세이다.

세계의 관광지화는 건축물, 공공사업, 교통, 주택, 요식업, 공예 등 지역

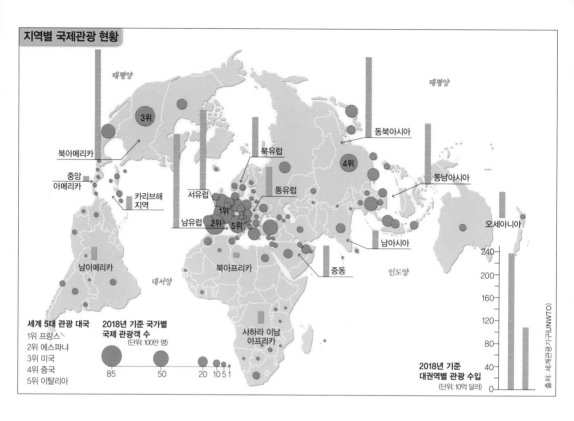

지역별 국제관광 현황

태평양

북아메리카

중앙
아메리카

카리브해
지역

서유럽

북유럽

동유럽

동북아시아

4위

태평양

동남아시아

남유럽

1위
2위 5위

오세아니아

남아메리카

대서양

북아프리카

남아시아

중동

인도양

사하라 이남
아프리카

세계 5대 관광 대국
1위 프랑스
2위 에스파냐
3위 미국
4위 중국
5위 이탈리아

**2018년 기준 국가별
국제 관광객 수**
(단위: 100만 명)

85 50 20 10 5 1

**2018년 기준
대권역별 관광 수입**
(단위: 10억 달러)

240
200
160
120
80
40
0

출처: 세계관광기구(UNWTO)

(카리브해, 알프스산맥, 로키산맥 등)의 발전에 지리적으로 큰 영향을 미치기도
하지만, 해당 지역의 환경파괴와 난개발 문제는 여전히 풀기 어려운 숙제
로 드러나는 실정이다. 한정된 공간, 토지, 물 등을 둘러싸고 경쟁이 벌어
지기 때문이다. 또한 일부 전통사회의 경우 새로운 생활방식과 소비방식의
침투로 인해 불안정한 상태에 빠지기도 한다.

국제관광의 세계적인 유행과 치열한 경쟁 속에서 국가, 지방자치단체,
민간 투자자 등은 관광지 개발에 앞장서고 있다. 대형 호텔 체인과 같은 강
력한 국제 규모의 자본이 시장을 장악하는 경우가 많으며, 그중 상위 5개

세계화의 세계

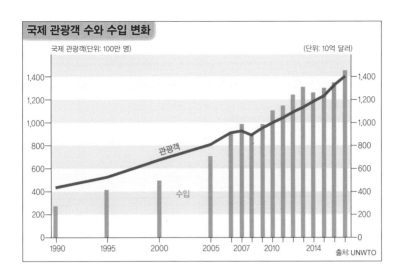

국제 관광객 수와 수입 변화

국제 관광객(단위: 100만 명)　　　　　　　　　　　　　(단위: 10억 달러)

관광객

수입

1990　　1995　　2000　　2005　2007　　2010　　2014

출처: UNWTO

그룹(홀리데이인, 힐튼, 아코르 등)이 전체 객실 수의 45%를 차지한다. 그러나 지역별 경제적 불평등 심화와 지정학적 위험(테러 등)에 노출되고, 때로는 본래의 목적에서 벗어나는(아시아 섹스 관광 등) 관광객의 일탈 등은 급성장 하는 국제관광의 어두운 일면이기도 하다.

인도네시아 발리섬은 세계적인 관광지로 각광

인도네시아 자바섬 동쪽에 자리한 면적 5,632㎢의 열대 화산섬 발리는 1970년대부터 수하르토 독재정권에 의해 주도적으로 개발되고 발달한 세 계적인 관광지의 상징이다. 경쟁력 있는 가격에 세계시장에 선보인 이국적 인 관광상품인 아름다운 자연경관, 열대기후, 독창적인 문화(건축물, 사원, 계단식 논 등)를 갖추고 있다.

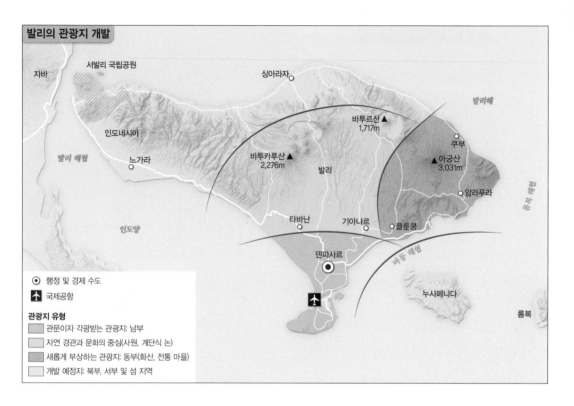

발리의 관광지 개발

자바 | 서발리 국립공원 | 싱아라자 | 발리해
인도네시아 | 바투르산 ▲ 1,717m | 쿠부
발리 해협 | 느가라 | 바투카루산 ▲ 2,276m | 발리 | ▲ 아궁산 3,031m | 암라푸라
인도양 | 타바난 | 기아냐르 | 클룬쿵
| 덴파사르 | 누사페니다 | 롬복
| | 버둥 해협

⊙ 행정 및 경제 수도
✈ 국제공항

관광지 유형
⬛ 관문이자 각광받는 관광지: 남부
⬜ 자연 경관과 문화의 중심(사원, 계단식 논)
⬛ 새롭게 부상하는 관광지: 동부(화산, 전통 마을)
⬜ 개발 예정지: 북부, 서부 및 섬 지역

    인구 390만 명의 이 섬은 명실공히 인도네시아의 대표적인 관광지이다. 연간 외국인 관광객 수는 2008년 190만 명에서 2017년 520만 명으로 증가했다. 방문 관광객의 4분의 1은 오스트레일리아에서, 44%는 아시아에서, 21%는 서구 국가에서 유입된다. 섬 전체 소득의 40~50%를 차지하는 관광 수익에 힘입어 발리는 인도네시아에서 가장 부유한 지역 중 하나가 되었다.

    자바섬 내의 발리 해변 중심의 관광 활동(서핑, 윈드서핑, 다이빙 등)은 매우 편중되어 있다. 특히 발리의 주도인 덴파사르는 국제공항을 갖추고 있어 섬과 외부 세계를 연결한다.

    뿐만 아니라 자바섬은 전통적으로 부킷반도, 남부, 동부(쿠타, 누사두아,

짐바란, 사누르, 파당바이 등)의 백사장을 중심으로 해변 휴양지가 주목받았으나, 날이 갈수록 해변이 포화 상태에 이르자 새로운 활동(트레킹, 계곡의 모든 것을 몸으로 느끼는 캐녀닝 등)이 중부(바투르 화산, 우붓의 여러 사원 등)와 북부로 점차 확산하고 있다.

한편 발리 사람들은 많은 관광객의 무분별한 관광으로 인한 문화유산의 훼손, 환경오염, 범죄(절도, 마약 등)가 증가하는 현상도 우려하고 있다. 일련의 이슬람 원리주의 테러 사건이 2002~2003년(200명 사망)과 2005~2008년에 발생하면서 관광객 수가 현저히 감소했으며, 관광산업을 기반으로 하는 발리의 경제도 큰 타격을 입었기 때문이다.

3장

세계의 불평등과
지역별 블록화

중심부, 주변부, 변방의 이해 관계 구축

세계화가 세계 공간의 획일화라는 선입견은 실상과 거리가 멀다. 오히려 세계화는 지리적 영역의 분화를 주도하는 주요 요인이다. 여기에는 크게 두 가지 이유가 있다.

첫째, 세계화는 자연적 · 사회적 · 경제적 · 문화적 차이(자원 접근성, 임금 비용 및 사회 보장, 인프라 수준 등)를 막론하고 모든 규모의 영역에서 철저한 과대평가를 기반으로 벌어지는 경쟁 과정이다. 따라서 지배적인 중심부, 정도의 차이는 있으나 종속적이고 통합된 주변부, 그리고 상황에 따라 변하는 유동적인 변방 사이에 매우 민감한 이해관계가 구축된다.

둘째, 지리적 영역은 수동적인 개체가 아니라 자율적으로 나아갈 방향을 결정하는 정치적, 경제적, 사회적 구성체이다. 따라서 공간적 규모를 떠나 모든 영역에서 세계화 편입 방식이 지속해서 재구성되고 있다. 최근 수십 년 동안 중국이나 아랍에미리트의 행보에서 알 수 있듯이, 이해관계에 따른 독자적인 논리들이 불안정한 다극시스템 안에서 끊임없이 바뀌며 서로 충돌하는 것도 이런 이유 때문이다. 세계화가 궁극적으로 전 세계시민이 자신들의 운명을 결정하는, 본질에서 정치적이고 지정학적인 집단 선택의 과정이기 때문이다.

메트로폴리스 집중화로
세계화 거점도시 육성

도시화가 공간, 영역, 사회를 근본적으로 변화시킨다면, 메트로폴리스는 세계화의 추진과 지휘의 중심에 있다. 메트로폴리스는 단순히 본래의 지리적 영역에서 분리된 대도시가 아니다. 이들 대도시가 지닌 권력과 세계적 파급력은 무엇보다도 그 광대한 영향력을 조직하고 확장할 수 있는 능력에 근거한다.

고도로 집중화된 도시시스템을 갖춘 메트로폴리스

세계의 도시화와 그에 따른 메트로폴리스화(대도시화)로 인해 인류는 새로운 문제에 직면하게 되었다. 도시 지역 인구는 지난 30년 동안 23억 명에서 43억 명으로 증가(+91%)했으며, 현재 인류의 56%가 도시 지역에 거주하고 있다.

인구 1백만 명 이상의 도시권 579개 가운데 85개는 500만 명을, 34개는 1천만 명을 넘어섰다. 일부 초거대도시, 이른바 주변 도시와 하나의 권역으로 연결된 '메갈로폴리스'는 도쿄(3,800만 명), 델리(3,000만 명), 상하이(2,700만 명), 상파울루(2,200만 명), 멕시코시티(2,200만 명)와 같이 인구 면에서는 웬만한 국가 규모까지 도달하기도 한다.

하지만 세계적인 지리학자 사스키아 사센이《세계도시론》에서 주장하듯

116

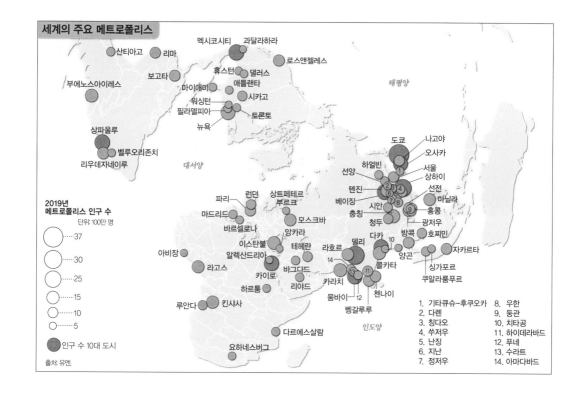

세계의 주요 메트로폴리스

멕시코시티 과달라하라
산티아고 리마
로스앤젤레스
보고타 휴스턴 댈러스
부에노스아이레스 마이애미 애틀랜타
워싱턴 시카고
필라델피아 토론토
뉴욕
상파울루
벨루오리존치
리우데자네이루 대서양

태평양

도쿄 나고야
오사카
하얼빈
선양 서울
상하이
톈진 선전
베이징 마닐라
시안 광저우
충칭
청두 홍콩
방콕 호찌민
다카 자카르타
양곤
싱가포르
쿠알라룸푸르

런던 상트페테르
부르크
파리
마드리드 모스크바
바르셀로나
앙카라
이스탄불
테헤란 라호르 델리
아비장 알렉산드리아 바그다드 콜카타
라고스 카이로 카라치
하르툼 리야드 뭄바이
첸나이
루안다 킨샤사 벵갈루루
인도양
다르에스살람
요하네스버그

2019년
메트로폴리스 인구 수
단위: 100만 명

⋯⋯37
⋯⋯30
⋯⋯25
⋯⋯15
⋯⋯10
⋯⋯5

인구 수 10대 도시

출처 유엔.

1. 기타큐슈-후쿠오카 8. 우한
2. 다롄 9. 둥관
3. 칭다오 10. 치타공
4. 쑤저우 11. 하이데라바드
5. 난징 12. 푸네
6. 지난 13. 수라트
7. 정저우 14. 아마다바드

이 모든 도시가 질적으로 평등한 것은 아니다. 세계화는 실제로 세계 또는 대륙 규모의 거대도시들이 지배하는 고도로 집중화된 도시시스템을 기반으로 한다. 이들 도시는 지정학적·지경학적·문화적 배경으로 형성된 권력을 토대로 세계화를 조직, 추진, 통제하는 역할을 한다. 또한 이런 세계도시들은 거대도시 순위 평가의 대상이 되며, 뉴욕, 런던, 상하이, 도쿄, 파리, 두바이, 싱가포르 등이 상위에 오른다. 물론 거대도시 순위는 이들의 영향력이 매우 광범위한 영역에서 양극화와 불평등을 초래하는 주범임을 보여 주고 있다.

만일 메갈로폴리스와 광대한 내륙 배후지가 없다면 뉴욕은 어떻게 될

까? 거대도시 뉴욕의 국제적 기능을 표상하는 것은 바로 초국적 기업 본사들이 모여 있는 업무지구와 세계금융을 상징하는 월가 같은 장소들이다. 그래서 뉴욕 세계무역센터가 2001년에 9·11 테러의 표적이 된 이유도 이런 상징성 때문이라고 할 수 있을 것이다.

싱가포르, 국경을 초월하는 메트로폴리스 전략

도시국가인 싱가포르는 세계 속에서 지위를 공고히 하기 위해 도시 개발을 계속하는 대표적인 사례다. 싱가포르의 거대도시 전략은 도시 개발과 도시 영역의 끊임없는 재설계가 얼마나 중요한 비중을 차지하는지 여실히 보여준다.

1819년부터 1959년까지 영국의 식민 통치를 받은 싱가포르의 메트로폴리스는 600만 인구로 말레이반도 최남단에 위치하며, 세계의 주요 해협 중 하나인 믈라카 해협을 관할하고 있다. 이 나라는 불과 수십 년 만에 세계 최정상급 강소국으로 자리를 잡았는데, 중국계가 인구 대다수를 차지하고 있다. 싱가포르의 '경제 기적'은 강력한 독재 정부의 유능한 리더십과 자유를 보장하는 자본주의 모델(자유무역지대, 조세 회피처 등)을 기반으로 이루어졌다.

싱가포르는 국가 차원의 장기 개발 전략을 수립해 성공한 국토 개발의 상징이기도 하다. 분산된 군도(59개 섬)로 이루어진 싱가포르는 좁은 면적(719㎢)과 높은 인구밀도(8,300명/㎢)로 인해 경제 및 도시 개발에 많은 제약을 받았다. 그래서 이에 대응하기 위해 바다를 메워 육지로 만드는 간척사업

세계화의 세계

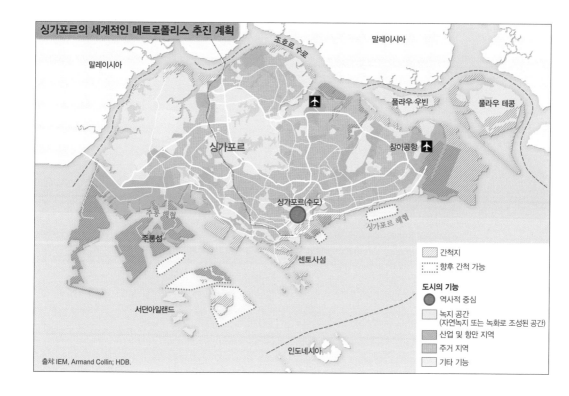

싱가포르의 세계적인 메트로폴리스 추진 계획

말레이시아 / 조호르 수로 / 말레이시아

싱가포르 / 풀라우 우빈 / 풀라우 테콩

창이공항

주룽 해협 / 싱가포르(수도) / 싱가포르 해협

주룽섬 / 센토사섬

서던아일랜드

인도네시아

출처: IEM, Armand Collin; HDB.

간척지
향후 간척 가능

도시의 기능
역사적 중심
녹지 공간 (자연녹지 또는 녹화로 조성된 공간)
산업 및 항만 지역
주거 지역
기타 기능

을 시행하고, 남서부 등 여러 지역에도 방대한 매립지를 조성해 60년 동안 국토를 24% 확장했다.

싱가포르는 이렇게 조성한 땅 위에 공항(1981년 창이공항 개항), 항만(파시르 판장 터미널 등), 최첨단 산업단지(주룽 공업단지 등)를 건설해 오늘날 세계 최고의 물류 허브로 자리를 잡게 되었다. 또한 주요 산업시설들이 교외로 이전하면서 역사적 중심부(관광, 문화 및 업무지구, 관리·감독 서비스, 국제금융 및 상업 기능 등)와 주거지역(세랑군, 우드랜즈 등)의 도시 기능적 변화가 촉진되었다.

싱가포르의 메트로폴리스화는 지리적으로도 광대한 영역을 포함하는 국토 개발 계획을 수립해 진행되었다. 그리고 싱가포르의 남아시아 권역에서는 1989년부터 말레이시아(조호르주), 인도네시아(수마트라섬 리아우제도)와 공동개발 계획을 추진해 국경을 초월한 생산과 물류의 거점(산업단지, 자유항 등)을 조성했다.

아시아 대륙 규모에서는 필리핀, 인도 등지에서 많은 이민자가 싱가포르로 몰리고 있다. 하지만 싱가포르 인구의 30%를 차지하는 이런 저숙련 인력(건설 노동자, 서비스 인력 등)은 싱가포르 사회가 유지하고 발전하는 데 없어서는 안 될 필수 인력으로 자리 잡았다.

세계화의 세계

세계화의 경계에 자리한
미개척지 변방의 미래

영향력과 부를 보유한 중심부와 달리 변방 세계는 서로 뚜렷이 구분되는 두 개의 영역으로 구성된다. 변방 세계란 외쿠메네(Ökumene), 곧 인간의 거주가 가능한 지역의 가장자리에 있는 영역을 말한다. 이 세계는 미개척지로 남아 있거나 장차 개발이 예정된 공간이다. 또한 변방 세계는 발전과는 동떨어진 채 곤경이나 위기에 처해 있으면서도 종종 특정 형태(불법 활동 등)로 세계화에 통합되어 있다.

그린란드는 자원의 엘도라도인가, 신기루인가?

북극의 얼음 바다에서 래브라도해까지 4,000㎞에 걸쳐 캐나다 맞은편에 뻗어 있는 면적 210만㎢의 섬 그린란드는 고위도의 한대기후 지역이다. 최고 높이가 해발 3,733m에 달하는 이 섬의 면적 가운데 80%는 만년빙으로 덮여 있다. 인구는 5만 6,000명으로 인구밀도도 ㎢당 0.03명에 불과하다.

주민 대다수는 동쪽 해안 지대에 자리한 마을들에 거주한다. 수도인 누크의 주민은 1만 8,000명(인구의 32%)이다. 대서양을 건너 북아메리카로 가려던 바이킹이 10세기에 그린란드에 정착했으나 15세기에 자취를 감췄다. 한편 현재 인구의 대다수를 차지하는 이누이트족은 13세기에 북서쪽에서 건너왔다.

그린란드는 1814년 덴마크에 귀속된 뒤 1953년 주로 승격되었다. 한편

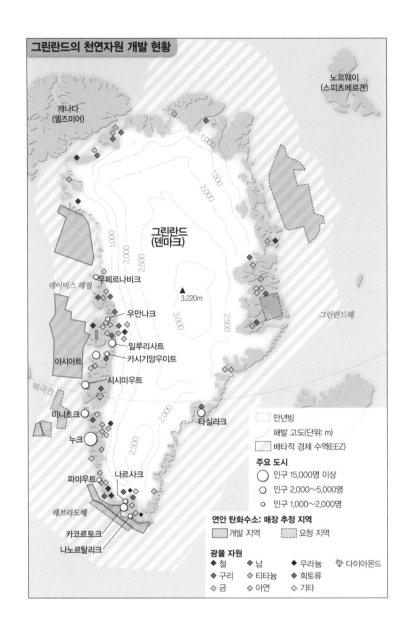

그린란드의 천연자원 개발 현황

캐나다
(엘즈미어)

노르웨이
(스피츠베르겐)

그린란드
(덴마크)

데이비스 해협

3,220m

그린란드해

우페르나비크

우만나크

일루리사트

카시기앙우이트

아시아트

시시미우트

북극권

마니츠크

타실라크

누크

파미우트

나르사크

레브라도해

카코르토크

나노르탈리크

만년빙

해발 고도(단위: m)

배타적 경제 수역(EEZ)

주요 도시
⭕ 인구 15,000명 이상
◯ 인구 2,000~5,000명
○ 인구 1,000~2,000명

연안 탄화수소: 매장 추정 지역
개발 지역   요청 지역

광물 자원
◆ 철   ◆ 납   ◆ 우라늄   ♦ 다이아몬드
◇ 구리   ◇ 티타늄   ◆ 희토류
◇ 금   ◇ 아연   ◇ 기타

미국은 1941년 북서부의 툴레에 전략적 군사기지를 설치했다. 그린란드 원
주민은 오랜 기간 반식민 투쟁 끝에 1979년 덴마크로부터 자치권을 획득하

고, 2009년에는 자치권 확대에 성공해 광범위한 관할권(경찰, 사법, 교육, 경제 및 자원 개발 등)을 행사하게 되었다.

그린란드의 경제는 덴마크 중앙 정부의 보조금(예산의 50%)과 어업에 의존한다. 이들이 1982년 주민투표를 통해 유럽경제공동체(EEC)를 탈퇴하기로 결의한 배경에는 어업 규제가 있다. 그러나 최근 몇 년 사이 전 세계적인 광산 개발 붐과 지구 온난화의 영향으로 천연자원(석유, 가스, 우라늄, 희토류, 금, 다이아몬드, 철, 아연, 납 등) 개발로 눈을 돌리게 되었다. 그 결과 서구 또는 중국의 초국적 기업들이 육·해상 사업권을 획득해 프로젝트를 진행하는 일이 늘고 있다.

하지만 고립된 지리적 위치, 혹독한 자연적 제약, 취약한 인프라, 극소수 인구 등으로 생산 비용이 크게 부담되는 상황이다. 미개발 상태의 막대한 광물자원을 보유한 그린란드는 새로운 '엘도라도'일까, 아니면 실체가 없는 '신기루'에 불과할까?

사하라사막 남단의 사헬 지대는 아프리카 분쟁의 상징

북쪽에서 남쪽으로 약 3,000km, 서쪽에서 동쪽으로 약 5,500km에 걸쳐 뻗어 있는 광대한 공간인 사헬 지역은 아프리카 10여 개국을 포함한다. 지리적으로 중앙에 자리하고 있으나 사막 내지 반사막 지대라는 특성 때문에 북쪽으로는 사하라사막, 남쪽으로는 아프리카 중부 지역의 기능적 주변부 구실을 한다. 사헬 지대가 유명해진 이유는 세계적인 사막화 현상의 대표적인 사례에 해당하기 때문이다

아프리카 대륙 내 변방인 사헬 지역은 고대부터 세계화에 편입되어 있었다. 또 이 공간은 환경, 인구, 사회, 경제 등의 특수성으로 여러 가지 압력에 시달리고 있다. 사헬은 기후 변화의 영향과 과다한 방목으로 사막화가 가속화되고, 급증하는 인구 가운데 젊은 인구가 주축을 이루면서 경제성장의 시급성까지 대두되고 있다. 기존 경작지는 이미 포화 상태이고, 관개 지역 확장 및 공유지의 사유지화 등 경작지 확대 움직임과 토지 수탈(land grabbing)까지 겹치면서 삶의 터전을 떠나는 주민들이 늘고 있기 때문이다. 그리고 이런 요인들은 유목민(혹은 반유목민)과 정주 농경민 사이의 토지 분쟁을 부채질한다.

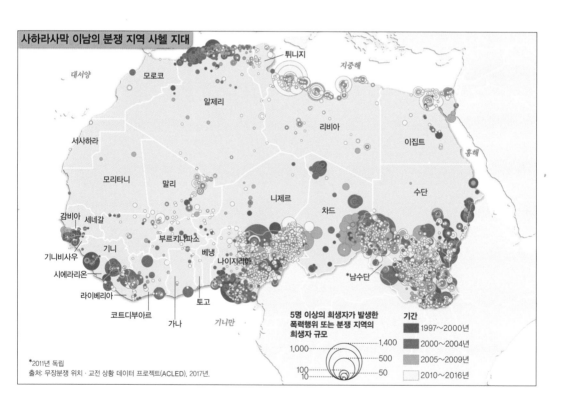

세계화의 세계

기후와 경제 등 외부 환경의 변화로 비자발적 이주(이농민, 이민, 실향민, 난민)가 증가하면서 도시 문제, 고용 문제 등도 새롭게 대두되고 있다. 그리고 해외 투자자들과 농경지 및 광산의 장기 임대 계약을 체결하면서 내부 취약성과 외부 의존성도 심화하였다. 이런 구조적 요인들은 국가 및 전통적 관리구조의 약점 또는 위기로 작용하고 있다. 그리고 일부 국가의 지도층이 정체성 확립의 지렛대로서의 민족성 또는 종교적 요인의 정치적 도구화, 경제·정치·군사 부문에 대한 강대국의 조직적 간섭(지역 전체를 불안정하게 만드는 리비아 위기 참조)을 받으면서 내정은 악화일로에 빠진 경우도 있다.

권위주의적 통치체제의 성향을 보이는 주변의 여러 국가가 무능과 부정부패 속에서도 수탈을 일삼으며 진정한 발전에 걸림돌이 되고 있는 것도 문제점이다. 또한 여러 요인으로 인해 분열과 대립의 과정을 겪는 지역 체제 내에서 자원(토지, 물, 광산 등 자원의 흐름 및 이동 통제, 국제 원조 등)의 접근성은 내부 충돌의 원인이 된다. 때로는 이익집단, 카르텔, 민병대 및 범죄 조직 사이에서 무장 분쟁이 벌어지기도 한다.

그러나 아프리카 대륙 전체가 유무형의 압력을 받는 현재, 분쟁의 영역화를 분석할 때 다양한 지역을 연동해서 생각할 필요도 있다. 수단, 중앙아프리카, 리비아, 말리, 나이지리아 등의 위기는 국제적 차원에서도 문제가 되지만, 무엇보다도 민족, 종교, 경제 등 내부의 문제와 관련해 단일국가 차원의 지정학적 역학관계로 설명할 이유가 있기 때문이다.

마약의 생산·유통·소비는 글로벌 범죄조직이 장악

마약의 생산과 밀거래는 지난 수십 년 동안 지경제적·지정학적 문제이자 공중보건 문제로 부각되었다. 프랑스의 지리학자 피에르 아르노 슈비(아시아와 모로코의 마약 등 불법 약물 연구의 대가)가 연구한 바와 같이 마약 시장은 세계화로 완벽하게 통합되어 있다. 마약 밀거래는 막대한 수익이 달린 문제인 만큼 범죄조직들에 장악되었으며, 이들 조직은 실업계, 정계 및 정부 기관 등으로 끊임없이 침투하고 있다.

국제 동맹을 맺은 강력한 범죄조직이 밀거래를 주관

세계 마약 생산량은 지난 30년간 폭증했다. 역사적으로 전통적인 마약류(아편, 모르핀, 헤로인, 코카인, 해시시, 대마초, 카트 등)는 남미와 아프리카 주변부(모로코 리프산맥, 콜롬비아, 골든트라이앵글, 쿠르디스탄, 레바논 등)의 농민에 의해 생산된다. 그들은 일상생활을 유지할 수 있는 경제적 대안이 없어서 수익성이 높은 마약류를 재배하는 것이다.

이렇게 생산된 마약류는 미국을 비롯한 서구 국가들은 물론 멕시코, 서아프리카, 인도 등 세계 각지로도 널리 유통된다. 한편 실험실에서 개발된 새로운 합성 마약류(암페타민, 엑스터시 등)도 등장했다. 세계 마약 사용자 수는 3억 명이 넘고, 그 가운데 3분의 1이 서구사회에 분포되어 있으며, 현재 마약 투약은 전 세계로 널리 확산하였다.

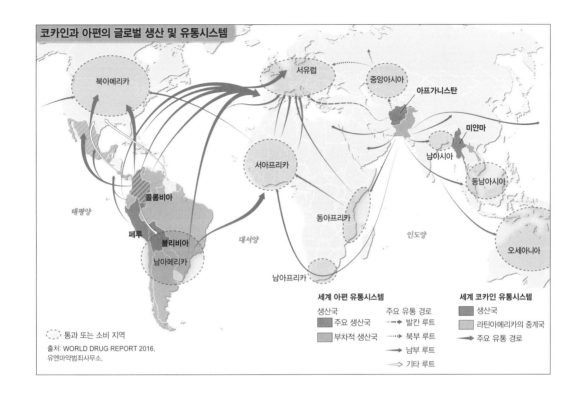

코카인과 아편의 글로벌 생산 및 유통시스템

출처: WORLD DRUG REPORT 2016, 유엔마약범죄사무소.

　중국 삼합회, 라틴아메리카 카르텔, 일본 야쿠자, 미국·이탈리아·러시아 또는 알바니아 마피아 등 국제 동맹을 맺은 강력한 범죄조직이 이 밀거래를 주관한다. 대부분 국가가 공식적으로 마약 밀수 및 판매를 강력하게 규제하고 있기는 하다. 그러나 막대한 자금이 오가는 마약 밀거래의 특성상 일부 국가에서는 세관, 경찰, 군대 등의 부패로 이어지기도 하며, 멕시코와 같이 정부 고위층이 마약 카르텔에 연루되는 일도 있다.

　사회 안전망과 경제가 취약한 국가(카리브해 지역, 파나마, 멕시코, 서아프리카, 나이지리아 등)는 마약 밀거래의 거점 국가(기니비사우, 리비아 등)로 전락하기도 한다. 결국 이들 국가의 불투명한 금융시스템과 조세 회피처 등은 마약 자금의 세탁을 방지하려는 국제적인 노력에 걸림돌로 작용하고 있는 실정이다.

콜롬비아, 페루, 볼리비아가 세계 3대 코카인 생산국

안데스 지역 농민들이 수 세기 동안 재배해 온 코카나무 잎에서 추출한 코카인의 소비 인구는 전 세계적으로 약 1,800만 명에 달하며, 콜롬비아(17만 1,000ha), 페루(4만ha), 볼리비아(2만 4,500ha)가 세계 3대 코카인 생산국이다.

아주 특별한 '상품'인 마약의 가치사슬이 가지는 특성상 운송의 각 단계를 거칠 때마다 가격은 폭발적으로 상승한다. 예를 들어 2014년 생산지에서 킬로그램당 2,700달러이던 가격이 사헬 지역을 경유하면서 1만 6,000달러로, 북아프리카를 거치면서 2만 5,000달러로, 유럽에 도착해서는 5만 달러로 치솟았다. 결국 16,800%라는 어마어마한 가격 상승 폭을 기록한 것이다.

따라서 국제 운송 경로는 마약 조직이 전략적으로 관리한다. 미국으로 향하는 경로는 중앙아메리카를 거치는 육상 경로와 카리브해 지역을 통과하는 해상 경로로 나뉜다. 1980~1990년대에 유명한 콜롬비아 카르텔이 해체되면서 반대급부로 멕시코 카르텔이 번성하는 결과를 낳았다. 유럽으로 유입되는 코카인의 경우 서아프리카, 사헬 지역과 사하라사막을 지나 지중해로 향하는 양이 점점 늘어나고 있다. 따라서 마약 밀거래의 주요 루트인 카리브해 지역과 사하라·사헬 지역에서 지경학적·지정학적 불안 요인도 증가하는 중이다.

종교 문제, 국제전쟁, 아편에 시달리는 아프가니스탄

아편의 재료가 되는 양귀비는 아시아(주로 미얀마와 라오스, 그리고 파키스탄)와 아메리카(주로 멕시코, 그리고 콜롬비아와 과테말라) 49개국에서 재배된다. 2018년 기준 총 7,800톤이 생산되었다. 하지만 아프가니스탄이 전 세계 양귀비 재배면적의 4분의 3(32만 8,000㏊)을 차지한다.

재배하기가 까다로운 식물(양질의 토양, 관개용수 등)이기 때문에 생산하는 데 많은 노동력이 필요하다. 특히 여성과 어린이가 열매에 상처를 내서 진액을 추출하는 작업에 동원되고 있다. 애초 불평등한 토지 소유 구조인데

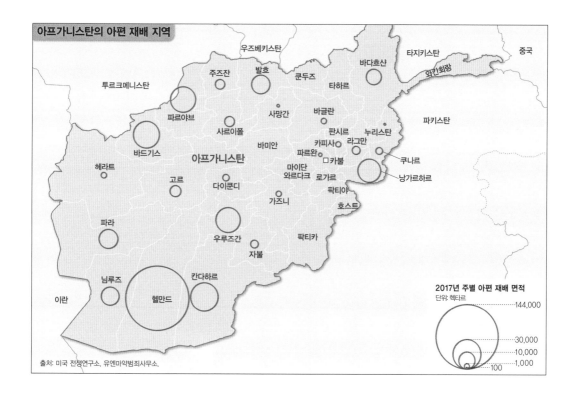

아프가니스탄의 아편 재배 지역

2017년 주별 아편 재배 면적
단위: 헥타르
144,000
30,000
10,000
1,000
100

출처: 미국 전쟁연구소, 유엔마약범죄사무소.

다 대지주들이 헤로인 가격 변동에 따라 임차료를 조정하기 때문에 농민들의 소득은 불안정한 실정이다.

아프가니스탄의 양귀비 재배지는 지역적으로 편중되어 있는데 남부의 헬만드와 칸다하르, 북서부의 바드기스 등 3개 주에 생산량의 60%가 집중되어 있다. 그리고 아프가니스탄의 10개 주가 양귀비 생산량의 93%를 차지한다. 양귀비의 경우 기후 상황, 지정학적 맥락, 세력 구도, 정권의 성격, 수요와 공급의 법칙 등에 따라 경작지와 생산 규모가 크게 달라지기도 한다.

2017년 유엔마약범죄사무소(UNODC)는 아프가니스탄 아편류 시장의 가치를 약 14억 달러(GDP의 3%)로 추정했다. 1979년부터 계속되는 전쟁으로 고통받는 저개발 국가에서 이렇게 생성된 부의 대부분은 마약 생산과 관련된 일부 상류층과 민병대의 차지가 되고 있다.

패권국 미국의 쇠락으로
탈세계화 시대의 도래

미국은 여전히 세계 최강국이지만 21세기에 들어서면서 미국의 헤게모니 역량이 약화하면서 지도층이나 국민 일부가 이에 의문을 품게 되었다. 중산층 봉급생활자를 비롯한 많은 이들이 미국이 주도하는 세계화에서 파생된 혜택을 예전만큼 누리지 못한다고 느끼고 있다. 중국 등 신흥 대국의 등장에 따라 미국의 영향력이 지역별로 변화하거나 축소되는 중이라는 뜻이다.

불평등, 인종차별에 지친 미국 사회의 미래

미국의 지배력은 풍부한 자원과 광대한 영토, 그리고 지리학자 제라르 도렐이 연구한 바와 같이 19세기부터 생산·사회·영토의 구조를 끊임없이 재구성하는 미국식 자본주의 모델의 역량에 기반을 두고 있다. 이러한 영토의 가변성은 미국의 경제적 측면에서 자본 및 주민의 이동과도 연관되어 있다.

세계 경제가 전환기를 맞이하면 경제적 쇠락(북동부 지역의 '러스트 벨트', 애팔래치아의 석탄산업, '올드 사우스'로 불리는 남부의 주들)과 경제적 성장(세계적인 메트로폴리스, 캘리포니아, 플로리다, 텍사스 등)을 상징하는 장소들의 명암이 서로 엇갈리게 된다.

그러나 경제적 이슈와 함께 불평등, 불안정, 폭력, 인종차별에 지친 미국 사회는 미래에 대해 심각한 질문을 던지고 있다. 1980년대 이후 생산시설이 해외로 옮겨가고 실질임금이 제자리걸음을 하면서 백인 중산층의 지위가 계속해서 흔들리고 있기 때문이다. 그래서 2016년 11월 제45대 대통령에 당선된 도널드 트럼프의 슬로건 '미국 우선주의(America First)'는 미국이 세계 유일 최강국이라는 정체성 위기를 의미하기도 한다.

세계화가 미국 사회 및 영토에 미치는 영향과 복잡성

거대한 영토를 가진 미국은 주별로 세계화의 영향을 각기 다르게 받는 영토의 모자이크처럼 보인다. 특히 주별 발급 여권 수를 통해 개방적인 사회와 폐쇄적인 사회의 차이를 대조해 보면 그 다양성을 파악할 수 있다.

예를 들자면 뉴저지, 매사추세츠, 뉴욕 등 북동부 '올드 잉글랜드(Old England)'의 경우 총인구 대비 발급률이 40%에 달하지만, 앨라배마, 웨스트버지니아, 미시시피 등 '올드 사우스'의 경우 14%에도 미치지 못한다. 이처럼 극명한 차이는 외국에 대한 사회적 개방성이 지역별로 균등하지 않다는 사실을 보여 준다.

아시아인의 미국 본토 정착은 급증하는 경제 교류 등 흡인 요인이 많아 아시아계 인구의 규모가 커졌고, 아시아 수출 관련 일자리의 비중도 확대되었다는 사실을 알 수 있다. 하와이(인구의 57%)와 같이 예외적인 경우 외에도, 아시아계 인구는 한편으로는 서부 해안 지역(캘리포니아, 워싱턴, 알래스카)과 인접 지역(네바다), 그리고 뉴욕 등 동부 해안을 따라 자리한 대도시들이 합쳐지면서 형성된 지역인 '메갈로폴리스'에 밀집되어 있다.

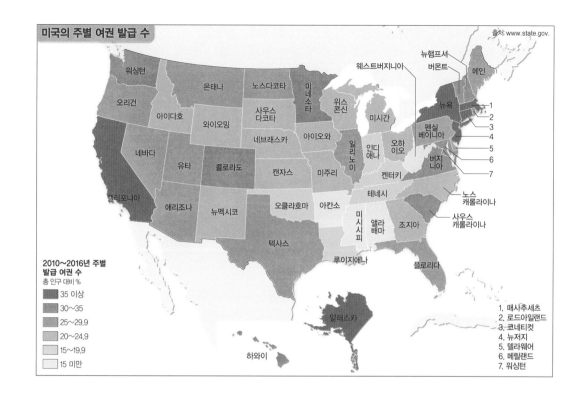

미국의 주별 여권 발급 수

출처: www.state.gov.

2010~2016년 주별
발급 여권 수
총 인구 대비 %

- 35 이상
- 30~35
- 25~29.9
- 20~24.9
- 15~19.9
- 15 미만

1. 매사추세츠
2. 로드아일랜드
3. 코네티컷
4. 뉴저지
5. 델라웨어
6. 메릴랜드
7. 워싱턴

미국 내 아시아계 인구 분포의 특징을 보면, 세계적 규모의 일부 메트로폴리스(샌프란시스코, 로스앤젤레스, 시애틀, 뉴욕 등)가 세계화의 중추적 역할을 수행하고 있다고 해석할 수 있다. 아시아 수출 관련 일자리 1백 20만 개의 분포 실태도 생산 구조의 다양성과 함께 외부의 지정학적 충격에 대한 민감도가 매우 불균등하다는 사실을 보여 준다. 결국 10개 주에 전체 일자리의 56%가, 20개 주에 76%가 몰려 있어 소외된 지역의 경제적 쇠락은 불가피한 실정이다.

이는 세계화로 인한 도전에 직면한 미국 사회 및 영토 구조의 상대적 복잡성을 반영한다. 특히 일부 지역과 기업은 압력단체를 조직해 행정부나

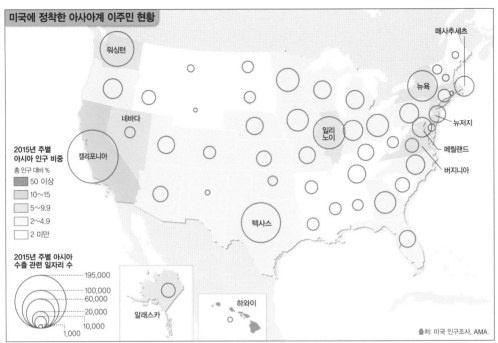

미국에 정착한 아시아계 이주민 현황

매사추세츠
워싱턴
뉴욕
네바다
뉴저지
메릴랜드
버지니아

2015년 주별
아시아 인구 비중
총 인구 대비 %
- 50 이상
- 10~15
- 5~9.9
- 2~4.9
- 2 미만

캘리포니아
일리노이

텍사스

2015년 주별 아시아
수출 관련 일자리 수

195,000
100,000
60,000
20,000
10,000
1,000

알래스카

하와이

출처: 미국 인구조사, AMA.

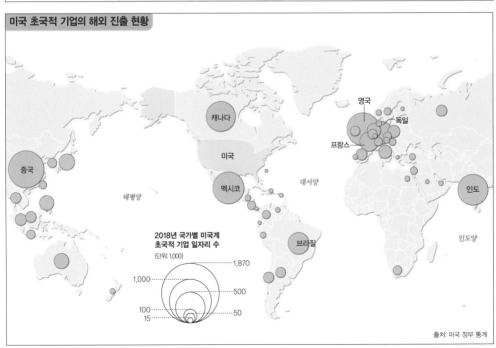

미국 초국적 기업의 해외 진출 현황

영국
독일
프랑스

캐나다
미국
중국
인도

태평양
멕시코
대서양
브라질
인도양

2018년 국가별 미국계
초국적 기업 일자리 수
(단위: 1,000)

1,870
1,000
500
100
50
15

출처: 미국 정부 통계

세계화의 세계

입법부의 결정에 영향력을 행사하는 일이 빈번한 데다 이들이 관철하려는 이익이 서로 상충하는 경우가 대부분이기 때문이다. 자국 내 영토의 다양성에서 비롯된 이런 파워 게임은 미국의 외교·통상 정책 결정에 영향을 미친다.

전 세계에 진출해 있는 미국계 초국적 기업들

미국의 힘은 전 세계에서 직원 1,450만 명을 고용하고 있는 초국적 기업들의 영향력에 힘입은 것이기도 하다. 이들 기업은 3대 거점을 중심으로 활동을 벌이고 있다.

아시아가 일자리의 36%, 매출의 28%를 차지하는 한편, 미국 기업들로서는 단연 최대 규모 해외 시장인 서유럽이 일자리(33%)보다는 매출(48%) 측면에서 전략적 우위를 차지하고 있다.

미국과 함께 NAFTA 협정에 참여한 캐나다와 멕시코, 두 나라가 북아메리카 시장 내에서 각각 무시할 수 없는 위치(일자리 18%, 매출 14%)를 일관되게 유지하고 있으며, 라틴아메리카의 비중(일자리 10%, 매출 9%)은 그보다 덜하고, 아프리카, 동유럽, 중근동의 비중은 대부분 기업이 꺼리기 때문에 미미한 수준이다.

또한 자금 세탁의 창구 역할을 하는 조세회피처 10개국에는 비교적 적은 인원(5만 6,000명)이 고용되어 있으나 2,070억 달러의 매출을 실현하고 있다.

복지 선진국 프랑스는
국토와 인구를 재구성

세계 6위 경제 대국인 프랑스는 최근 수십 년 사이 세계화에 편입되고 유럽연합 회원국이 되면서 사회, 경제, 영토 등과 관련해 심각한 변화를 경험했다. 또한 불평등의 심화로 각 분야에서 긴장이 고조되고 있지만, 프랑스는 여전히 많은 강점(젊은 인구, 양질의 인프라, 사회보장제도 등)을 보유한 국가이다.

수도 파리를 중심으로 지방 11개의 메트로폴리스를 육성

세계화의 변화는 인구와 생산 구조, 사람의 활동과 그 이동 등의 측면에서 근본적인 재구성을 초래한다. 하지만 다른 선진국(미국, 영국, 이탈리아 등)과 달리 프랑스의 국가시스템은 나름대로 일관성을 잘 유지하고 있다. 실제로 경제학자 로랑 다브지의 연구가 강조하듯이 사회보장제도(연금, 건강, 사회급여 등)와 공적 · 사적 이동(노동 이주, 관광 등)에는 불균형 상태인 영토 간의 재정 유입 및 유출 정책을 시행해 보완하는 기능을 한다. 이는 생산지역과 주거지역 사이, 또는 생산지역과 기능 전환이 어려운 지역 사이에서 더욱 두드러지게 나타난다.

이렇듯 전통적으로 연대를 중시하는 프랑스의 사회복지 모델에는 큰 비용이 소요되므로 부유층을 중심으로 비판의 목소리가 들려오기도 한다. 하

136　　　　　　　　　　　　　　　　　　　　　　　　　　세계화의 세계

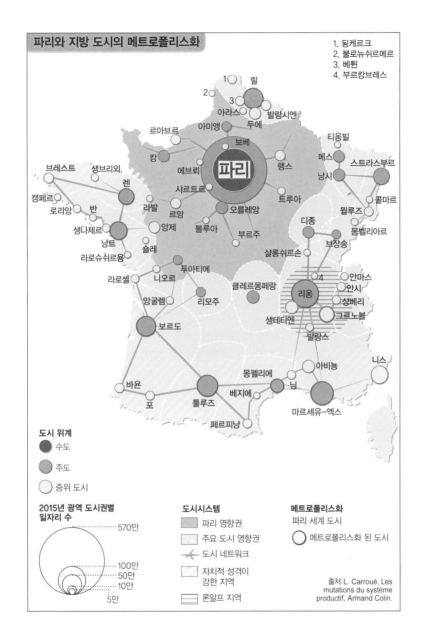

파리와 지방 도시의 메트로폴리스화

1. 됭케르크
2. 불로뉴쉬르메르
3. 베튄
4. 부르캉브레스

릴
아라스
발랑시엔
르아브르
아미앵
두에
티옹빌
보베
메스
스트라스부르
캉
파리
랭스
낭시
브레스트
생브리외
에브뢰
콜마르
렌
샤르트르
트루아
뮐루즈
캥페르
라발
르망
오를레앙
디종
몽벨리아르
로리앙
반
앙제
블루아
부르주
브장송
생나제르
낭트
슐레
샬롱쉬르손
라로슈쉬르용
푸아티에
안마스
라로셸
니오르
클레르몽페랑
리옹
안시
앙굴렘
리모주
샹베리
보르도
생테티엔
그르노블
발랑스
니스
바욘
몽펠리에
아비뇽
포
님
툴루즈
베지에
마르세유-엑스
페르피냥

도시 위계
- 수도
- 주도
- 중위 도시

2015년 광역 도시권별 일자리 수
- 570만
- 100만
- 50만
- 10만
- 5만

도시시스템
- 파리 영향권
- 주요 도시 영향권
- ✈ 도시 네트워크
- 자치적 성격이 강한 지역
- 론알프 지역

메트로폴리스화
파리 세계 도시
- 메트로폴리스화 된 도시

출차: L. Carroué, Les mutations du système productif, Armand Colin.

지만 사회통합과 영토의 안정성을 견인하는 것 또한 바로 이 모델이다.

프랑스의 특징은 메트로폴리스화가 강력하게 진행된다는 점이다. 메트로폴리스의 선진화는 도시 중심부와 주변부의 관계, 일자리의 수와 질, 이동시스템 및 교통 네트워크(고속철도, 고속도로 등)의 발달에 달려 있다. 전체 인구와 일자리의 4분의 1 이상이 집중된 파리 대도시권의 경우 그 역할과 기능 덕분에 프랑스 전체의 3분의 1이 영향권에 있을 뿐 아니라 세계적 수준의 도시로 인정받고 있다. 지방은 리옹, 그르노블, 엑스라고도 불리는 엑상프로방스, 마르세유, 몽펠리에, 툴루즈, 보르도, 낭트, 렌, 릴, 스트라스부르 등 11개의 메트로폴리스를 중심으로 구성된다.

식민지 건설과 초국적 기업의 진출로 해외 커뮤니티 구축

프랑스가 세계 주요 강국으로 자리 잡은 배경에는 여러 지정학적 요인(유엔 안전보장이사회 상임이사국, 군사력, 해외 영토 및 광대한 해양 영역 등), 지경학적 요인(다수의 초국적 기업, 기업의 생산 및 혁신, 국제관광 등), 문화적 요인(광범위한 프랑스어권)이 있다. 프랑스가 세계 및 유럽을 향해 문호를 개방하면서 지난 수십 년 동안 프랑스인의 국제 이동 또한 상당히 증가했다. 현재 해외 거주 프랑스인의 수는 180만 명(10년간 +81%)에 달한다.

이들 가운데 절반은 서유럽 각국으로 이주했으며, 40%가 스위스, 영국, 벨기에, 독일 등 인접 국가에 체류하고 있다. 특히 스위스에 가장 많은 사람이 거주하고 있다. 그다음으로 많이 거주하는 지역은 북아메리카와 아프리카로, 각각 15%를 차지한다.

미국 거주 프랑스인의 수가 중근동, 또는 아시아 전체에 거주하는 프랑스인의 수보다 많고, 라틴아메리카 전체에 거주 중인 프랑스인보다 더 많

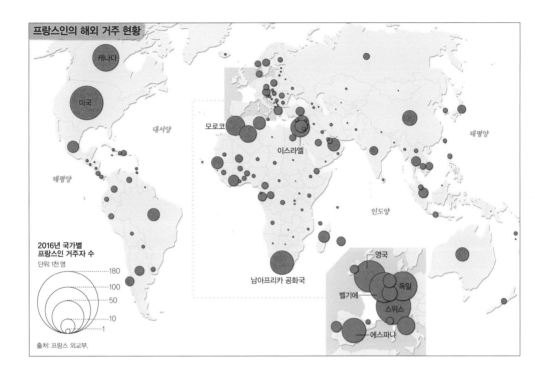

프랑스인의 해외 거주 현황

캐나다

미국

대서양

모로코

이스라엘

태평양

태평양

인도양

**2016년 국가별
프랑스인 거주자 수**
단위: 1천 명

180
100
50
10
1

출처: 프랑스 외교부.

남아프리카 공화국

영국

독일

벨기에

스위스

에스파냐

은 수가 캐나다(특히 프랑스어 사용 지역인 퀘벡)에 거주 중이다.

아프리카의 경우, 남아프리카를 제외하고 마그레브 지역 및 사하라사막 이남의 프랑스어권 국가(세네갈, 마다가스카르, 코트디부아르 등)의 비중이 크다. 이는 곧 프랑스와 아프리카 사이의 역사적·경제적·인적 관계가 계속 이어지고 있음을 보여 준다. 그다음 주요 거주지들의 비중은 거의 비슷하다. 중근동(8%) 거주 프랑스인은 주로 이스라엘, 레바논, 아랍에미리트, 팔레스타인에, 아시아·오세아니아(8%) 거주민은 대부분 중국, 오스트레일리아, 싱가포르에, 라틴아메리카(5%) 거주민 상당수는 브라질과 멕시코에 체류한다.

가족을 따라 이주하거나 학업을 위해 이주하는 경우 외에 이러한 경제인

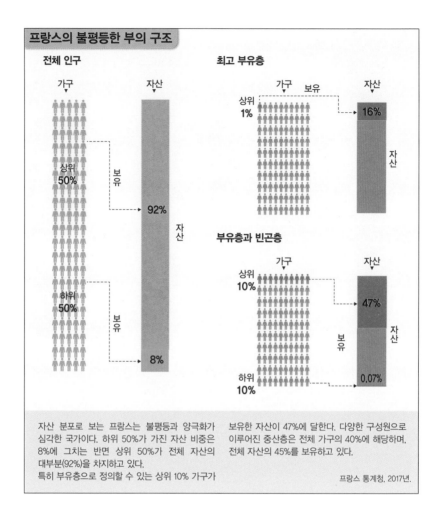

프랑스의 불평등한 부의 구조

전체 인구

가구 / 자산

상위 50% 보유 → 92% 자산

하위 50% 보유 → 8%

최고 부유층

가구 보유 / 자산

상위 1% → 16% 자산

부유층과 빈곤층

가구 / 자산

상위 10% → 47% 자산

하위 10% 보유 → 0.07%

자산 분포로 보는 프랑스는 불평등과 양극화가 심각한 국가이다. 하위 50%가 가진 자산 비중은 8%에 그치는 반면 상위 50%가 전체 자산의 대부분(92%)을 차지하고 있다.
특히 부유층으로 정의할 수 있는 상위 10% 가구가 보유한 자산이 47%에 달한다. 다양한 구성원으로 이루어진 중산층은 전체 가구의 40%에 해당하며, 전체 자산의 45%를 보유하고 있다.

프랑스 통계청, 2017년.

구 이동의 증가는 프랑스계 초국적 기업의 국제화와 밀접하게 연관되어 있다. 이들 초국적 기업은 해외에서 550만 명(55%)을 포함, 전 세계적으로 1,000만 명의 직원을 고용하고 있으며, 글로벌 인력 재배치를 위해 많은 프랑스인과 그 가족을 해외로 파견하고 있다.

세계화의 세계

다민족 국가 영국의
내부 분열과 브렉시트

과거 대영제국의 건설은 잉글랜드를 중심으로 주변을 통합하는 제국주의의 실현이었다. 그런 연합왕국 영국이 오늘날 계속해서 분열의 위기를 겪고 있는 데다 잉글랜드, 웨일스, 스코틀랜드, 북아일랜드의 관계마저 흔들리고 있다. 이러한 내부의 지정학적 난관은 유럽과 세계의 새로운 미래에 그림자를 드리우는 유럽연합 탈퇴로 이어졌다.

영국 사회와 국토 곳곳에서 대립과 분열 상태 가시화

19세기 세계 최강대국이었던 영국은 20세기에 들어 두 차례 세계대전을 치르며 큰 타격을 입었다. 이어 탈식민화 과정을 겪으며 유럽으로 복귀한 뒤부터 유럽 의존도가 높아졌다. 미국과의 공조를 강화했음에도 불구하고 국제사회에서의 소외감을 우려해 1973년 마지못해 유럽경제공동체(EEC)에 가입했다. 1980년대 대처 정부는 신보수주의 혁명으로 영국 자본주의의 기초를 재건했다. 하지만 국내의 사회적·영토적 불평등과 지역 위기라는 대가를 치러야 했다. 먼저 스코틀랜드와 웨일스에서, 다음에는 그에 대한 반발로 잉글랜드에서 이른바 '지역 민족주의'가 분출되며 분열의 위기에 놓인 것이다. 2000년대 스코틀랜드에서 스코틀랜드국민당(SNP)의 주도로 분리독립의 목소리가 높아진 것도 이러한 맥락에 있다.

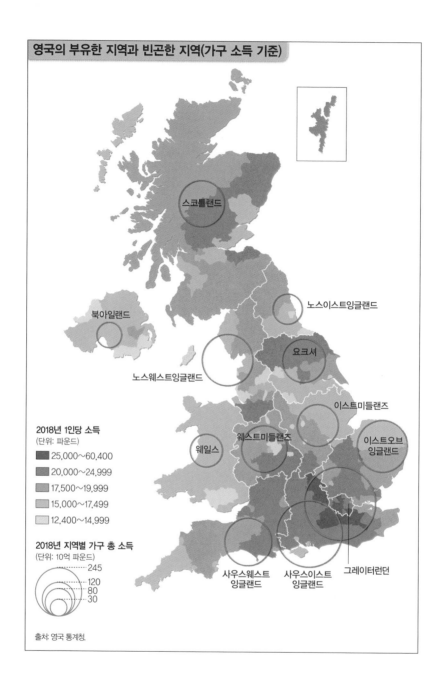

영국의 부유한 지역과 빈곤한 지역(가구 소득 기준)

스코틀랜드

북아일랜드

노스이스트잉글랜드

노스웨스트잉글랜드

요크셔

이스트미들랜즈

2018년 1인당 소득
(단위: 파운드)
- 25,000~60,400
- 20,000~24,999
- 17,500~19,999
- 15,000~17,499
- 12,400~14,999

웨일스

웨스트미들랜즈

이스트오브
잉글랜드

2018년 지역별 가구 총 소득
(단위: 10억 파운드)
- 245
- 120
- 80
- 30

사우스웨스트
잉글랜드

사우스이스트
잉글랜드

그레이터런던

출처: 영국 통계청.

세계화의 세계

현재 영국 사회와 영토 곳곳에서 사회, 경제, 정치, 민족, 문화, 정체성의 대립이 심화하면서 분열 상태가 더욱 가시화되고 있다. 잉글랜드 가구 소득의 57%가 가장 부유한 지역인 런던에 집중됐지만, 중부(미들랜즈, 요크서, 노스)의 비중은 28%, 나머지 3개 지역의 비중은 15%에 불과하다. 1인당 소득으로 보면 스코틀랜드의 에든버러시와 애버딘 지역만이 런던 지역과 대등한 수준이다. 애버딘의 경우 북해 유전 지역에 인접해 있어 석유 개발 산업의 중심도시가 되었으나, 현재 북해 유전은 고갈 단계에 접어들었다.

런던은 사회·경제적 분열 상태에다 민족적 갈등이 증폭

영국은 상위 20%가 보유한 부가 하위 20%보다 117배 이상 많을 정도로 부의 불균형 상태가 심각하다. 그런데 경제활동 참가율이 감소하고 노동자가 다른 부업을 하지 못하도록 규정하는 '제로 아워 계약'과 같이 불안정한 고용계약이 급증하면서 실업률은 낮은 수준을 유지하고 있다. 또 지난 10년간 봉급생활자의 구매력은 감소했지만, 소비 수준을 유지하고 부동산 거품에 대처하기 위해 가계 부채가 폭발적으로 증가(GDP의 135%)했다.

런던은 영국의 심각한 양극화를 상징한다. 일례로 이 지역에 거주하는 아동 중 38%가 빈곤층 이하로 생활하고 있다. 르위샴 지역의 1인당 연간 평균 소득은 1만 8,600파운드지만, 부촌인 켄싱턴의 경우 6만 4,800파운드로 3.5배 가까이 많다. 한편 이슬람 극단주의 테러가 늘어나면서 인구의 38%가 해외에서 유입된 런던은 기존의 사회·경제적 분열 상태에다 민족적 갈등이 증폭하는 어려운 상황으로 몰리고 있다.

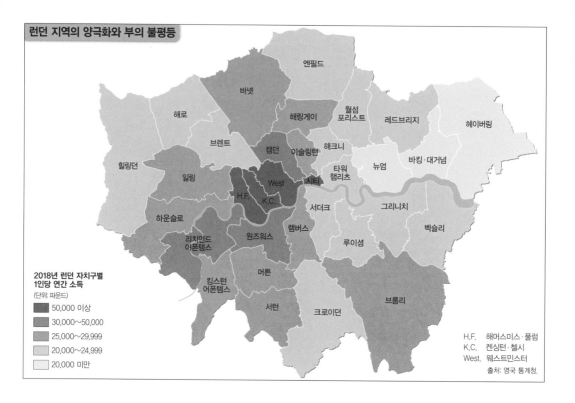

런던 지역의 양극화와 부의 불평등

엔필드
바넷
해로
해링게이
월섬
포리스트
레드브리지
헤이버링
브렌트
캠던
이슬링턴
해크니
힐링던
West
뉴엄
바킹·대거넘
일링
H.F.
K.C.
시티
타워
햄리츠
하운슬로
서더크
그리니치
벅슬리
리치먼드
어폰템스
원즈워스
램버스
루이셤
킹스턴
어폰템스
머튼
브롬리
서턴
크로이던

2018년 런던 자치구별 1인당 연간 소득
(단위: 파운드)
- 50,000 이상
- 30,000~50,000
- 25,000~29,999
- 20,000~24,999
- 20,000 미만

H.F. 해머스미스·풀럼
K.C. 켄싱턴·첼시
West. 웨스트민스터
출처: 영국 통계청.

브렉시트 선택으로 지정학적 위기와 정체성 분열이 악화

이러한 지정학적, 지경제학적 환경 속에서 영국은 2016년 6월 23일 국민 투표에서 51.9%의 찬성으로 유럽연합 탈퇴(브렉시트)를 결정했다. 유럽 대륙과의 통합이냐 글로벌 해양 세력으로의 재기냐 하는 갈등을 차치하더라도 지역별 투표 결과는 지역 분열(웨일스: 찬성 52.5%, 북아일랜드: 반대 56%, 스코틀랜드: 반대 62%)은 물론 영국 국내의 분열상을 그대로 드러냈다.

런던을 비롯한 주요 대도시들은 유럽연합 잔류를 희망했지만, 빈곤 지역이나 전통적 공업 지역(미들랜즈, 요크셔, 노스웨스트, 노스이스트)은 브렉시트에 대거 찬성표를 던졌다. 또한 런던 내에서도 빈곤하고 소외된 봉급생활자 계층이 몰려 있는 도시 주변 지역, 낙후된 해변 휴양지, 소규모 공업 및 항구도시, 침체한 농촌 지역에서 찬성이 우세했다.

2019년 12월 조기 총선에서 보리스 존슨 총리가 이끄는 집권 보수당이 압승하면서 브렉시트 추진에도 명분이 생겼다. 하지만 이러한 선택은 지정학적 위기와 정체성 분열을 더욱 악화시켰고, 미래를 위한 공동 프로젝트를 추진하고자 하는 다민족 국가 영국의 장래에도 어두운 그림자가 드리워졌다.

브렉시트 투표 찬반 비율

스코틀랜드

북아일랜드

잉글랜드

웨일스

출처: Images économiques du monde 2017, Armand Colin, 2016.

다수결 (단위: %)   '잔류' ◄ ► '탈퇴'
60 55 | 55 60

브렉시트가 현실화하면서 유럽연합을 떠난 영국은 새로운 모순과 구조적 난관(국제금융 허브 '시티'의 위상, 자동차 등 수출산업의 미래, 어업과 배타적 경제수역 등)에 봉착하고 있다.

강국으로 부상한 중국은 지역·경제·민족의 분열

중국은 전략적으로 세계화에 편입하면서 세계 강국 대열에 진입하는 대신 연해 지역 개발에 집중하면서 사회와 영토의 불평등이 심화하는 대가를 치렀다. 국가적 결속력 유지가 내부 지정학적 쟁점으로 부상하는 한편, 중국 정부는 이제 균형과 효율을 중시하는 경제성장 및 국토 개발 모델을 추진 중이다.

북쪽의 베이징, 중앙의 상하이, 남쪽의 광저우가 3대 대도시

지리학자 티에리 상쥐앙이 연구한 바와 같이 1980년대 이후 중국의 세계화 편입의 배경에는 17세기 이후 주요 지리역사학적 전환점이라고 할 수 있는 연해 지역 개발 및 해양력 강화라는 두 과정이 있다.

그리하여 중국은 1980년에 경제특구(SEZ)를 조성하고, 1984년에 연해 항구도시를 개방한 것이다. 뿐만 아니라 그뒤로 중국 경제성장의 추동력은 연해 지역에 집중되었고, 2010년대에 이르러서야 내륙 지역에 뒤이어 서부 지역으로 확산했다.

현재 지역별로 구분하는 '3개의 중국'은 발전 수준에서 여전히 상당한 차이가 있다. 국토 전체 면적의 14%에 해당하는 연해 지역에 인구의 45%, GDP의 53%, 해외직접투자의 82%, 수출의 84%가 집중돼 있다.

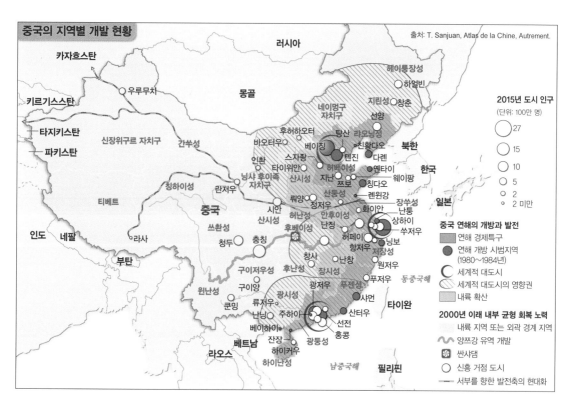

출처: T. Sanjuan, Atlas de la Chine, Autrement.

반면, 전체 면적의 30%를 차지하고 인구의 44%가 거주하는 중국의 심장부, 즉 내륙 지역의 GDP 합계는 전국의 30%, 해외직접투자는 16%, 수출은 13%에 불과하다. 인구수를 고려할 때 심각한 내부 위기를 방지하기 위해서는 이 지역을 새로운 성장 동력으로 삼을 필요가 있다.

서부 지역(내몽골, 윈난, 티베트, 신장위구르 등)은 전체 면적의 56%, 인구의 11%, GDP의 10.5%를 차지한다. 지정학적·지경학적 측면에서 종교, 인권 등의 문제로 국제적 관심을 받는 지역이기도 하다.

이 광대한 주변부 공간에 거주하는 한족은 소수이며, 남아시아와 중앙아시아에 가까운 탓에 지역적·인종적 분열의 가능성이 그대로 있기 때문이다.

따라서 중국 정부는 2000년대부터 대대적인 국토 개발 전략을 전개하고 있다. 성장의 견인차 구실을 하는 연해 지역의 개발을 방해하지 않으면서 3개의 중국을 다시 유기적으로 결합하는 것이 그 목적이다.

대도시권화 전략은 북쪽의 베이징, 중앙의 상하이, 남쪽의 광저우를 중심으로 대도시의 광대한 영향권을 구축하는 동시에 내륙의 2차 거점도시를 보강하는 것을 목표로 한다.

마지막으로 고속철도망 및 고속도로망 등의 기반 설비 확충 전략으로 국내외 이동성과 단일시장의 통합을 촉진하기 위한 전방위적 교통인프라 구축에 나서고 있다.

세계에서 가장 불평등한 사회주의국가 중 하나인 중국

세계에서 가장 불평등한 국가 중 하나인 중국의 또 다른 정치적 과제는 사회적 불평등이 심화하면서 발생하는 상대적 박탈감에 대응하는 것이다. 실제로 중국의 국부는 최근 15년 동안 4배로 늘어 23조 4,000억 달러를 넘어섰으나, 정부 고위층과 밀접한 관계를 맺고 있는 소수 상류층(인구의 10%)이 부의 73%를 독점(인구의 1%가 부의 44%를 소유)하고 있다. 또한 인구의 68%가 저소득층에, 22%가 '신(新)중산층'에 속한다.

이러한 사회적 불평등은 도농 간 격차에서도 확인할 수 있다. 도시와 농촌의 소득 격차는 심각한 수준이다.

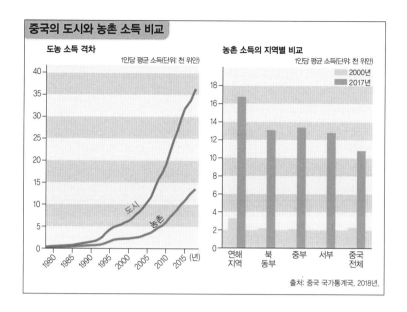

중국의 도시와 농촌 소득 비교

도농 소득 격차

1인당 평균 소득(단위: 천 위안)

농촌 소득의 지역별 비교

1인당 평균 소득(단위: 천 위안)

2000년
2017년

출처: 중국 국가통계국, 2018년.

예를 들어 도시 거주민의 소비지출액은 지난 40년 사이 40%에서 78%로 거의 두 배가 늘어났다. 때문인지 도시 내 불평등 역시 증가하고 있다. 상위 20%와 하위 20% 간의 소득 격차가 무려 15년 만에 3.6배에서 5배로 벌어졌기 때문이다.

농촌의 경우 연해 지역의 농민 소득은 도시 시장의 농산물 수요와 농촌 산업의 발달 수준에 좌우된다. 이러한 지역별 농민의 소득 격차는 소비 유형과 개발 수준에 즉각 영향을 미친다. 티베트의 농촌 거주민은 연간 71위안(1위안이 199원)을 의료보건에, 64위안을 교육에 지출하는 반면, 상하이의 농촌 거주민은 1,991위안을 의료보건에, 964위안을 교육에 지출한다.

결국 중국의 지역별·계층별로 심화하는 불평등 구조는 연금, 보건위생(신종 코로나바이러스 감염증 참조), 일반 사회보장시스템의 구축 등과 같은 시급한 개혁과제를 통해 해결해야 한다.

　오늘날 다수 민족인 한족과 주변부의 소수 민족 간, 부유한 도시와 가난한 농촌 간, 현대화되는 농촌과 퇴보하는 농촌 간, 개혁의 혜택을 누리는 중국인과 소외된 중국인 간의 격차가 확대되는 것이 중국의 장래를 어둡게 만들고 있다.

인도 경제수도 뭄바이, 대도시 개발의 이중성

인구 2,400만 명(세계 9위)의 메갈로폴리스 뭄바이는 세계 10대 경제 강국인 인도 최대의 경제 · 금융 도시이다. 인도를 대표하는 현대적 거대도시이지만 경제적 · 도시적 · 사회적 · 환경적 기능 면에서 여러 가지 어려움을 겪고 있다. 인도가 진정한 강대국으로서 거듭나기 위해서는 뭄바이가 안고 있는 내부적 난제를 먼저 해결해야 한다.

항구도시 뭄바이는 내륙의 수도 델리와 교통인프라로 연결

1534년 포르투갈에 할양된 뒤, 다시 영국의 식민 지배(1661~1947년)를 받은 뭄바이는 열정적인 지역 지도층과 지정학적 장점에 힘입어 인도의 독립과 함께 경제 · 금융 수도로 부상했다. 현재 뭄바이가 GDP에서 차지하는 비중은 5%에 그치지만, 산업의 25%, 해상무역의 40%, 금융 활동의 70%, 인도계 초국적 기업 본사의 60%(ICICI, 타타, 마힌드라, 인도결제공사, 릴라이언스 등), 해외직접투자 및 중요한 문화산업(볼리우드 스튜디오 등)의 42%가 이곳에 집중되어 있다.

인도의 지역 공간이 세계화에 편입되는 데에는 여러 대도시의 역할이 크다. 인도의 대도시는 효율성과 현대화가 제한된 탓에 극단적인 양극화 현상을 보인다. 식민지 시대의 3대 항구도시(뭄바이, 콜카타, 첸나이), 정치의 중

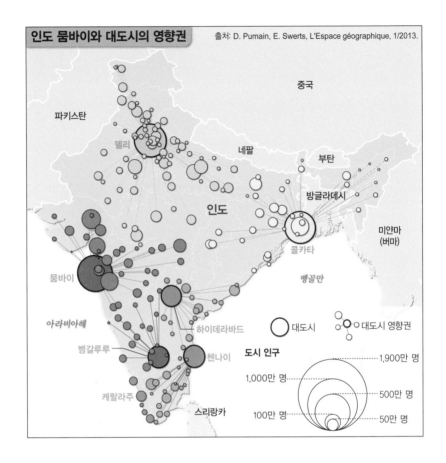

인도 뭄바이와 대도시의 영향권 　　출처: D. Pumain, E. Swerts, L'Espace géographique, 1/2013.

심 델리, 첨단기술의 중심 하이데라바드 및 벵갈루루 등 대도시 중심으로
형성된 국가 조직은 지역별 불균형 상태도 심각하다

　인도 최대 주 가운데 하나인 마하라슈트라의 주도 뭄바이는 북쪽의 수
라트와 아마다바드(2017년 개통된 고속철도 참조)에서 남쪽의 파나지까지 이
어지는 해안 개발의 중심축을 구성하며, 중요한 수자원 개발 및 농업 발전
을 주도하면서 내륙에서도 광범위하게 영향력을 행사한다. 2007년에 시
작된 델리·뭄바이를 잇는 교통인프라(화물 전용 철도, 고속도로 등) 사업은

델리(인구 2,700만 명)를 포함한 광역대도시권 발전에 힘을 보탤 것으로 보인다.

식민 시대 구도심의 포화 상태와 대도시 인구 폭증이 심각

뭄바이 광역시(면적 438㎢, 인구 1,300만 명, 인구밀도 2만 5,000명/㎢)는 면적 4,355㎢, 인구 2천 400만 명(인구밀도 4,700명/㎢)의 뭄바이 광역대도시권의 일부이다. 하지만 자세히 들여다보면 허울만 좋은 광역시에 불과하다는 것을 알 수 있다. 광역시의 산재한 기능적 문제점이 개발에 큰 걸림돌이 되고 있기 때문이다. 식민지 시대부터 중심 역할을 하던 도심은 오래전부터 공간적 제약으로 포화 상태가 되었다. 게다가 최근의 경제발전으로 인구 폭증(15년 동안 6백만 명 증가)까지 가중되면서 인도 본토로부터 분리된 뭄바이 반도에서 시작해 북쪽으로 60㎞가량 떨어진 지역까지 도시형 혼잡이 초래되었다.

급속한 경제성장 덕분에 봉급생활자라는 새로운 중간층이 출현했으나, 사회적 · 경제적 불평등(빈곤, 인구 과잉, 불완전 고용, 비공식 부문의 비중 증가 등)으로 인해 뭄바이의 공간 구조와 성격도 양극화되었다. 뭄바이 광역시의 경우 아라비아해 연안에 부유층이 거주하는 고급 주택단지가 들어선 한편, 인구의 절반이 거주하는 빈민촌(아시아 최대 슬럼가 다라비의 경우 참조)은 도시의 황폐화에 그치지 않고 산자이 간디 국립공원의 녹지 공간 주변까지 침투하고 있다. 또한 이동이 폭발적으로 늘면서 새로운 지하철 노선이 개통되고 있음에도 불구하고 교통시스템과 인프라가 교통수요를 따라가기에

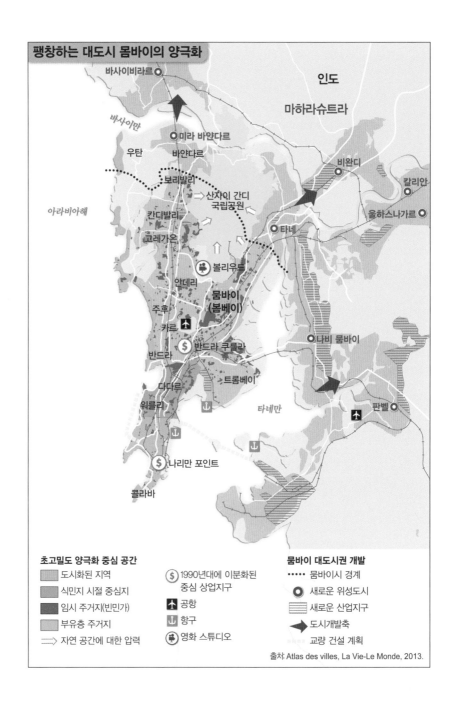

팽창하는 대도시 몸바이의 양극화

인도

마하라슈트라

바사이비라르 ⊙

바사이만

우탄

미라 바얀다르 ⊙

바얀다르

비완디 ▨

칼리안 ⊙

보리발리

아라비아해

산자이 간디
국립공원

울하스나가르 ⊙

칸디발리

고레가온

타네 ⊙

볼리우드 ⊛

안데리

뭄바이
(봄베이)

주후

나비 뭄바이 ⊙

카르

반드라 쿠를라 $

반드라

트롬베이

타네만

판벨 ⊙

다다르

워를리

나리만 포인트 $

콜라바

초고밀도 양극화 중심 공간

▨ 도시화된 지역
▨ 식민지 시절 중심지
■ 임시 주거지(빈민가)
▨ 부유층 주거지
⇨ 자연 공간에 대한 압력

$ 1990년대에 이분화된
   중심 상업지구
✈ 공항
⚓ 항구
⊛ 영화 스튜디오

뭄바이 대도시권 개발

•••• 뭄바이시 경계
⊙ 새로운 위성도시
▤ 새로운 산업지구
➤ 도시개발축
  교량 건설 계획

출처: Atlas des villes, La Vie-Le Monde, 2013.

세계화의 세계

는 여전히 부족한 실정이다.

이러한 과제에 직면한 뭄바이 광역대도시권은 북부 및 중부 교외 지역까지 행정구역을 계속 확장하고 있다. 도시 및 생산시스템을 신설하고, 산업 활동을 이전하며 새로운 인프라로 증가하는 인구를 수용하기 위해 외곽 지역에 8개 도시(바사이비라르, 타네, 비완디, 나비 뭄바이, 판벨, 나비 뭄바이 국제공항, 교량 프로젝트 등)를 구축하는 것 등이 이에 해당한다.

정치적으로 뭄바이는 지난 20년간 외국인 혐오에 기반을 둔 힌두 민족주의 성향의 극우 정당인 시브 세나의 분파가 집권하는 지역이며, 마피아와 범죄 단체의 영향력이 상당하다는 특징도 있다.

중동 세계화의 상징인
아랍에미리트의 두바이

8만 3,600㎢의 작은 면적에, 국토의 4분의 3은 사막인 나라 아랍에미리트는 세계화에 능동적으로 참여해 주변부에서 벗어남으로써 석유산업에 의존한 경제 구조를 다각화하는 데 성공했다. 이 과정에서 연해 지역을 중심으로 도시화가 급속하게 진전되었다. 하지만 중동 역내의 지정학적 긴장을 고려할 때 에너지산업을 바탕으로 한 투기적이며 의존적인 시스템의 발전과 지속 가능성에 의문이 제기되고 있다.

아랍에미리트는 페르시아만의 관문인 지정학적 요충지

역사적으로 대영제국은 인도 항로를 지키기 위해 1820년~1853년 사이 군사력을 동원해 '해적 해안(이후 휴전 해안으로 개명)'에 위치한 토후국들을 위임 통치하게 되었다. 1950년대에 이르러 영국의 영향력이 감소했으나, 이들 토후국은 영국 군대가 철수한 뒤 1971년 아랍에미리트연합국을 창설하며 독립했다. 물론 1962년부터 개발되기 시작한 석유 자원이 현대 국가의 기틀을 다지는 데 밑거름이 되었다. 아랍에미리트연합국은 매장량이 풍부한 연안 덕분에 50년 동안 석유 생산량이 6배 증가했다(2018년 기준 2억 3,300만 톤).

이렇게 해서 늘어난 수익에 힘입어 GDP, 공공 지출 및 가계 소비도 3배로 늘어났다. 그러나 최근 유가 등락이 거듭되면서, '탈석유' 시대에 대비해

세계화의 세계

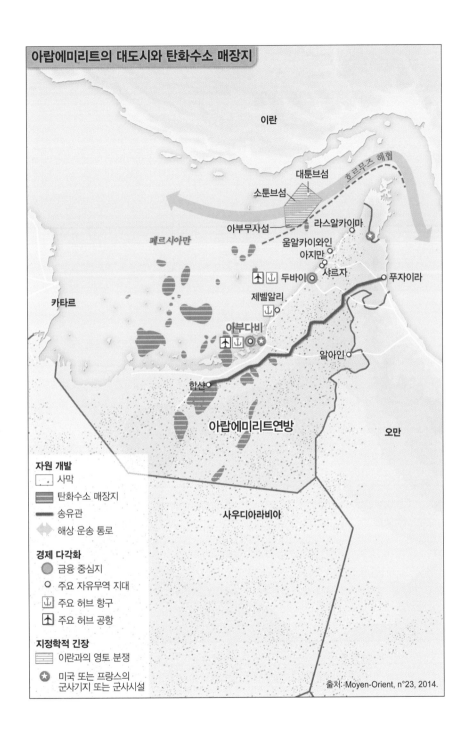

아랍에미리트의 대도시와 탄화수소 매장지

이란

대툰브섬

소툰브섬

호르무즈 해협

라스알카이마

아부무사섬

움알카이와인

아지만

페르시아만

샤르자

두바이

푸자이라

제벨알리

카타르

아부다비

알아인

합샨

아랍에미리트연방

오만

자원 개발

⬚ 사막

▤ 탄화수소 매장지

▬ 송유관

◆ 해상 운송 통로

경제 다각화

⬤ 금융 중심지

○ 주요 자유무역 지대

⬇ 주요 허브 항구

✈ 주요 허브 공항

지정학적 긴장

▤ 이란과의 영토 분쟁

★ 미국 또는 프랑스의 군사기지 또는 군사시설

사우디아라비아

출처: Moyen-Orient, n°23, 2014.

다른 걸프 연안국들보다 경제 다각화에 상당한 진전(석유가 GDP의 3분의 1을 차지)을 보였음에도 불구하고, 보조금 축소와 신규 세금 부과 등 긴축재정으로 경제적 어려움을 견디는 중이다.

아랍에미리트는 페르시아만의 관문인 지정학적 요충지임에도 불구하고 이란·이라크 전쟁(1979~1988년), 걸프전쟁(1990~1991년), 레바논 내전(1975~1991년) 등 국제분쟁에 휘말리지 않는 외교정책을 펼쳐 안정적인 투자처를 찾는 중근동 상류층의 금융산업과 자본을 끌어들이는 데 성공했다.

또한 이란에 대한 미국의 금수 조치나 두 개의 툰브섬과 아부무사섬을 둘러싼 국경 분쟁에도 불구하고 이란을 위한 대외교역의 관문 역할을 하고 있다. 이란과도 오래전부터 비공식적으로 경제적 교류를 활발히 이어 왔다. 이러한 지정학적 위치는 왜 아랍에미리트가 군사적 역량을 강화하는지, 왜 미국과 프랑스의 군사기지 및 군사시설이 설치되었는지를 설명해 준다.

아랍에미리트는 세계적 수준의 물류 및 서비스 허브로 탈바꿈함으로써 페르시아만 초입부에서 국제 경제에 대한 영향력과 입지를 강화하고 있다. 1985년 이래로 9개의 자유무역지대를 창설해 해상 및 항공 운송, 무역(수입/재수출), 산업(석유화학, 알루미늄, 에너지, 해수 담수화 등), 금융 등 경제 분야에서 세계화에 적극적으로 나섰다.

아랍에미리트에 거주하는 외국인은 고유의 신원보증 제도인 '카팔라'에 따라 반드시 현지 보증인을 두어야 했다. 하지만 자유무역지대가 설립되면서 외국인 투자자들이 이런 제약에서 벗어나게 된 것이다. 두바이는 에미레이트항공과 알막툼 국제공항을 통해 중동, 아시아, 유럽 및 아메리카의 260개 도시를 연결한다.

세계화의 세계

아부다비투자청(ADIA), 두바이투자청(ICD), 아부다비투자공사(ADIC), 국제석유투자공사(IPIC), 무바달라개발공사(MDC) 등 5개 국부펀드를 통해 전 세계금융 및 부동산 시장에 1조 2,000억 달러를 투자하고 있다. 또한 주요 국제 스포츠 행사(2022년 FIFA 월드컵 등) 및 문화시설(2017년 루브르 아부다비 개관 등) 유치에도 노력을 기울이고 있다.

두바이, 중동 사막에서 태어난 세계적인 메트로폴리스

아랍에미리트는 국토 대부분이 사막지대로, 두바이, 샤르자, 움알카이와인 등 세 에미리트를 중심으로 해안을 따라 도시가 발달하고 기반 시설이 집중되어 있다. 두바이의 인구는 1950년 이래 100배 증가해 210만 명에 이르렀고, 도시 지역 면적은 400배로 늘어났다.

해안과 내륙의 경계선 역할을 하는 고속도로에 접해 있는 해안 지역은 각기 기능적으로 특화된 3개 지구로 나뉜다. 조밀한 도심 노후 지역을 재생한 서쪽의 마리나 지구, 중앙의 고급 휴양 및 주거 지구(팜 주메이라 등), 서쪽(제벨알리 자유무역지대, 알막툼 국제공항) 혹은 내륙 사막 쪽으로 펼쳐진 산업 및 물류 지구를 말한다.

인구의 85%가 외국 출신이지만, 저임금에 시달리는 수백만 명의 이주 노동자는 도시 빈민가나 외곽의 낙후 지역으로 내몰리기 때문에 신분과 계층에 따른 거주지 분리가 심각한 상태에 있다.

두바이는 아랍에미리트 원유 매장량의 대부분을 보유하고 있는 아부다비 덕분에 2008년 글로벌 금융 위기의 여파에서 벗어났다. 두바이의 특징

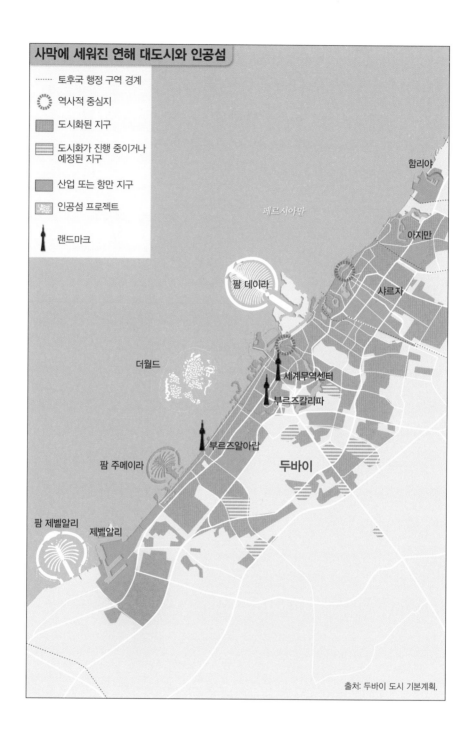

사막에 세워진 연해 대도시와 인공섬

- ...... 토후국 행정 구역 경계
- 역사적 중심지
- 도시화된 지구
- 도시화가 진행 중이거나 예정된 지구
- 산업 또는 항만 지구
- 인공섬 프로젝트
- 랜드마크

페르시아만

함리야

아지만

팜 데이라

샤르자

더월드

세계무역센터

부르즈칼리파

부르즈알아랍

두바이

팜 주메이라

팜 제벨알리

제벨알리

출처: 두바이 도시 기본계획.

가운데 하나는 특정한 형태의 광대한 인공섬을 조성해 해안 지역을 도시화했다는 점이다. 이 섬들은 세계화를 상징하는 아이콘이 되었고, 이를 본떠 페르시아만에 여러 인공섬이 조성되었다.

2001년 착공돼 가장 먼저 완공된 팜 주메이라에는 고급 호텔과 레지던스가 들어서 있다. 하지만 팜 제벨알리, 더 월드, 더 유니버스, 팜 데이라 프로젝트는 2007년부터 2008년 사이의 경제 위기 여파로 지연되거나 중단되면서 결국 화려한 겉모습과 달리 부실한 프로젝트로 판명되었다. 막대한 자본이 낭비된 거대한 부동산 투기의 민낯이 드러난 것이다. 개발 당시 건설 부문이 일자리의 26%를 차지한 데에는 이러한 배경이 숨어 있다.

국제분업으로 성장한
케냐의 장미 클러스터

세계화로 인해 세계 공간을 구성하는 여러 지리적 영역 간의 교류가 점점 더 긴밀해지지만, 그렇다고 해서 서로 다른 수준의 특징들이 없어지거나 융합되는 일은 일어나지 않는다. 지역사회, 지방, 국가, 대륙 등의 지리적 유형은 여전히 의미가 있고, 복잡한 세계화에 대한 효율적이고 체계적인 분석 또한 이들 사이에서 일어나는 상호작용의 게임을 통해서만 가능해진다. 지리학자 베르나르 칼라스가 연구한 케냐 장미 재배의 발전은 세계화에 특화된 영역의 생성과 편입 과정 및 다양한 규모의 연동을 잘 보여 주는 사례이다.

세계화의 상징인 케냐의 장미 재배 지역 클러스터

1980년대부터 수출용 꽃 재배가 전문화되면서 특수한 지리적 영역이 조성되었다. 케냐의 수도 나이로비에서 50㎞ 떨어진 나이바샤 호수 주변에 장미 클러스터가 구축된 것이다. 이러한 장미 재배의 영역화는 정부와 지역이 주도한 네트워크의 선택과 직접적으로 관련된다. 몇 헥타르의 소규모 농장에서 수천 헥타르에 달하는 초대형 농장에 이르기까지 다양한 규모의 농장 2,150개가 3,700헥타르의 초현대식 온실을 갖추고 표준화된 대량생산을 통해 연간 6~7회 정도의 수확을 반복한다. 온실에서 매년 이렇게 생산되는 장미 줄기의 수는 헥타르 당 약 140만 개에 달한다.

이 클러스터는 세 가지 측면에서 다른 지역과 비교우위를 보인다. 해발고도가 1,700~2,700m에 이르는 이 지역은 적도 바로 아래에 있는 고원지

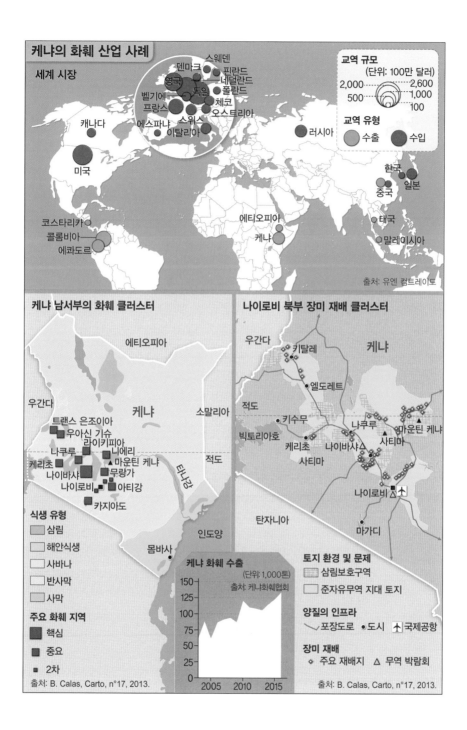

케냐의 화훼 산업 사례

세계 시장

교역 규모
(단위: 100만 달러)
2,000 …… 2,600
500 …… 1,000
100

교역 유형
수출　수입

스웨덴
덴마크
핀란드
영국
네덜란드
독일
폴란드
벨기에
체코
프랑스
오스트리아
스위스
에스파냐
이탈리아

캐나다

미국

러시아

한국
일본
중국

에티오피아
케냐

태국
말레이시아

코스타리카
콜롬비아
에콰도르

출처: 유엔 컴트레이드

케냐 남서부의 화훼 클러스터

에티오피아

우간다

케냐

소말리아

적도

트랜스 은조이아
우아신 기슈
라이키피아
나쿠루
라이키피아
케리초
마운틴 케냐
나이바샤
무랑가
나이로비
아티강
카지아도

타나강

인도양

몸바사

식생 유형
삼림
해안식생
사바나
반사막
사막

주요 화훼 지역
핵심
중요
2차

출처: B. Calas, Carto, n°17, 2013.

케냐 화훼 수출
(단위: 1,000톤)
출처: 케냐화훼협회

150
125
100
75
50
25
0
2005　2010　2015

나이로비 북부 장미 재배 클러스터

우간다
키탈레

케냐

엘도레트

적도

키수무
나쿠루
마운틴 케냐

빅토리아호
케리초
나이바샤
사티마
사티마

나이로비

마가디

토지 환경 및 문제
삼림보호구역
준자유무역 지대 토지

양질의 인프라
포장도로　도시　국제공항

장미 재배
주요 재배지　무역 박람회

출처: B. Calas, Carto, n°17, 2013.

대이므로 입지 조건이 좋고 일조량, 기온, 가용 담수량 등 자연적 여건도 뛰어나다. 또한 인구 구성의 변화로 인해 풍부한 노동력(케냐 인구의 41%가 15세 미만)을 갖추고 있으며, 인건비가 싸고(절화 및 포장 담당 여성 노동자 중 70%가 한 달에 50유로를 받는다) 숙련된 인력이다. 거기에다 선진국 노동자와 비교해 근로조건을 둘러싼 요구 사항이 많지 않다.

마지막으로, 케냐는 영국으로부터 독립하면서 되찾은 양질의 농토를 자유무역지대로 지정할 수 있게 되었다. 그리고 장미 재배 붐이 일면서 지역 사회를 비롯한 주변의 사회, 경제, 도시 구조에도 근본적인 변화(인구 유입과 증가, 주거·상업·서비스의 발전 등)가 일고 있다. 게다가 시민사회와 비정부기구들이 무분별한 개발과 오염 등을 반대하면서, 이 지역의 지속 가능하고 균형 잡힌 발전을 이끌고 있다.

세계 공급망을 갖춘 대형 유통업체들이 화훼시장 진출

케냐의 화훼 붐은 국가 및 정부 지도층이 주도하는 적극적 다각화 전략(커피, 차, 관광 등과 연계)에 따른 결과물이다. 케냐화훼협회 KFC(Kenya Flower Council)의 창설, 나이로비에서 매년 개최되는 국제박람회, 나이바샤 호수의 장미산업이 이를 증명한다. 이 전략을 통해 네덜란드, 남아프리카공화국, 인도 등 외국자본을 유치하는 데 성공했다. 케냐의 화훼산업이 창출하는 일자리는 직접적으로 10만 개, 간접적으로 50만 개에 이른다. 지난 17년간 수출량은 30% 이상 증가해 16만 톤에, 수출 실적은 130% 성장해 5억 7,500만 달러(세계 2위)에 도달했다.

케냐의 화훼산업은 세계시장에 안정적으로 접근할 수 있는 비교적 우수한 시설(전기, 도로 및 공항 인프라)을 갖추고 있다. 상품은 냉장 트럭을 통해 나이로비 공항의 화물처리장으로 이송되며, 이곳에서 통관 절차와 전문 기업에 의한 식물 검역을 거친 뒤 세계 각국으로 향하는 화물기에 실린다.

전 세계적으로 꽃 소비가 급증하면서 1970~80년대부터 화훼 생산의 중심은 새로운 국제분업의 틀을 이루면서 미국에서 라틴아메리카(멕시코, 콜롬비아, 에콰도르)로, 네덜란드에서 에콰도르, 케냐, 에티오피아로 이동하기 시작했다. 적시(just in time) 생산과 납품의 원칙을 따르는 케냐 화훼산업의 주요 수출 시장은 계절이 반대인 북반구에 있는 유럽, 러시아 및 일본 등이다.

전통적으로 케냐에서 생산된 꽃의 절반은 네덜란드 경매시장을 거쳐 유럽 전역에서 거래된다. 하지만 근래에는 세계시장에 걸쳐 공급망을 갖춘 대형 유통업체들이 화훼시장에도 진출했다.

영국의 테스코 및 막스앤드스펜서, 프랑스의 까르푸 등 유통업체들이 막대한 자금력을 바탕으로 케냐 화훼농장들과 직접 연간 공급계약을 체결하면서 화훼시장 확장에 나선 것이다. 그러나 이러한 국제적인 유통업체 중심의 시장 재편은 아프리카, 더 나아가 남반구 농업생산의 일부를 자기들의 통제 속에 두려는 움직임으로도 해석할 수 있다.

4장

세계화와 탈세계화, 글로벌 거버넌스

지속 가능한 개발 모델의 필요성 제기

세계화가 진행되는 동안 단기적이고 이분법적인 성장에 맞서 연대를 기반으로 한 지속 가능한 개발 모델의 필요성이 지역 곳곳에서 제기되고 있다. 어떤 이들의 눈에 우리 세계는 불확실성, 무질서 또는 혼돈 자체로 보일 수도 있다. 지정학과 지경학의 역할은 세계화의 과정에서 제기된 문제들을 분류하고, 상호 간의 역학관계를 식별하며, 나아갈 미래를 둘러싼 쟁점을 정의하는 것이다.

첫째, 인구 변천은 성장과 불균등한 발전 사이, 불완전한 고용과 실업 사이, 기아와 식량 사이, 시장과 수요 사이의 상호작용에 대해 질문을 던진다.

둘째, 인류 사회의 불균등한 발전은 세계 공간을 분열시키는, 따라서 근본적이고 다면적인 불균형을 조장한다. 세계화의 세계를 둘러싼 긴장이 고조되는 가운데 격동의 시기를 지나는 국제이주 시스템이 어떻게 조직되는지를 설명한다.

셋째, 환경 문제는 인류의 활동으로 격변하는 지구 환경의 미래를 대비해야 하는 과제이다. '새로운 지평'을 열어가는 세계의 해양화에 직면해 글로벌 거버넌스 문제가 심각하게 제기된다. 이에 대한 보편적이고 포용적이며 민주적인 프로젝트의 정의는 요원하지만, 반드시 실현되어야 한다.

세계 인구의 증가와
국제 노동시장의 분업

1980년에서 2022년까지 한 세대 만에 세계 인구는 44억 명에서 80억 명으로 증가했다. 2050년에는 97억 명에 도달할 것으로 전망된다. 세계화로 인한 양극화 현상은 인구 증가와 불균등한 발전 사이의 상호작용에 대한 중요한 질문을 제기한다. 이러한 격변은 상호의존성이 커지는 세계에서 지속 가능성과 형평성 측면에서 연대 대응이 얼마나 중요한지를 강조한다.

높은 출생률과 사망률에서 낮은 출생률과 사망률로의 전환

세계 인구는 2017년 75억 명에서 2050년 97억 명으로 늘어날 것(+22억 명, +29%)으로 전망된다. 이러한 증가는 전례 없는 도전을 뜻한다. 안정세를 유지하는 북반구와 달리 적도 부근과 남반구 인구는 64억 명에서 86억 명으로 증가해, 2050년에는 인류의 88%를 차지할 것으로 보인다. 앞으로 증가할 인구의 55%는 아프리카에, 35%는 아시아(23%는 남아시아)에 집중될 전망이다.

하지만 현대 인구 변화의 중요 동인 중 하나는 선진국형 인구 변천의 지리적 확산이라고 할 수 있다. 즉 높은 출생률과 높은 사망률에서 낮은 출생률과 낮은 사망률로의 전환을 말하는 것이다. 여성 1명이 평생 낳을 것으로 예상되는 평균 자녀 수를 나타내는 합계출산율을 보면 2020년 기준 세계

세계화의 세계

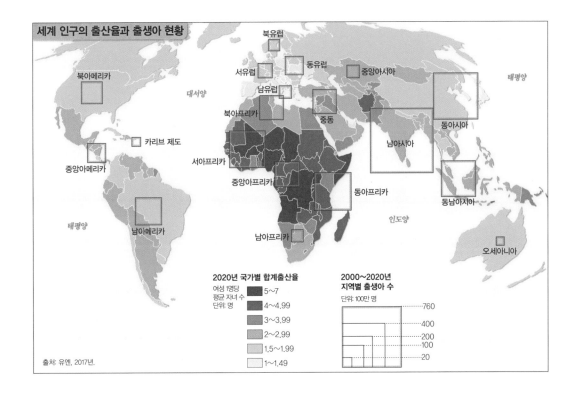

세계 인구의 출산율과 출생아 현황

2020년 국가별 합계출산율
여성 1명당
평균 자녀 수
단위: 명

- 5~7
- 4~4.99
- 3~3.99
- 2~2.99
- 1.5~1.99
- 1~1.49

2000~2020년
지역별 출생아 수
단위: 100만 명

출처: 유엔, 2017년.

최빈국 중 하나인 니제르의 경우 6.7명, 세계 10대 부국 가운데 하나인 싱가포르의 경우 1.2명까지 다양하다. 세계 평균은 1980년 3.6명에서 2020년 2.4명으로 줄었다.

인구의 급격한 고령화가 우려되는 중국(1.7명)은 물론 라틴아메리카(2.0명), 동남아시아(2.1명), 북아프리카(튀니지: 2.2명)에서도 출산율 하락이 가속화되고 있다. 출산율 하락은 의도적인 공공정책 때문이라기보다는 인류의 진보와 연관된 문제이다. 즉, 의료·보건 기술의 발달로 영아나 아동 사망률이 낮아짐에 따라 다출산을 할 필요가 없어지고, 남녀의 교육 격차가 줄어드는 등 전반적 교육 수준이 향상되었기 때문이다. 보다 일반적으로 보면 사회경제적 변화(도시화, 사회보장제도의 진전 등)도 영향을 미쳤다.

하지만 인구 변천의 특징은 현재의 출생아 수 또는 젊은 인구에서 알 수 있듯이 대륙 간, 국가 간에 존재하는 심각한 격차를 설명한다. 예를 들어 2000~2020년 사이 유럽의 신생아 수는 1억 5,300만 명인 반면 남아시아는 7억 6,300만 명, 아프리카는 7억 5,600만 명을 기록했다.

한편 2017년 기준 15세 미만 어린이 19억 명 가운데 91%가 적도 부근과 남반구에 거주하고 있다. 더불어 인류의 기대 수명은 50년 만에 20년이 늘어났지만, 유럽인의 81세와 아프리카인의 59세를 비교할 때 매우 불평등한 지리적 분포를 보인다.

세계화되는 노동시장에서 노동 수요의 증가 추세

인구 증가는 세계와 지역 차원의 사회경제적 문제와 직결되지만, 이런 문제는 언제나 과소 평가되는 경향이 있다. 세계 인구의 64%에 달하는 경제활동 인구의 지리적 분포에서 알 수 있듯이 말이다. 1990~2020년 사이 전 세계의 잠재적 경제활동인구는 23억 명에서 35억 명으로 증가(+50%)했다. 곧 이러한 수요를 충족시키기 위해 전 세계적으로 25년 동안 10억 개 이상의 새 일자리가 창출되어야 한다는 의미이다. 하지만 이 수치의 달성은 요원해 보인다.

적절한 보상이 따르는 괜찮은 일자리와 고용을 제공하는 것, 즉 근로자가 가족과 함께 안정된 상태에서 생활할 수 있도록 하는 것은 경제, 사회 및 국토 개발의 주요 과제이자 지속적인 국가 발전의 기본전제이다. 자본

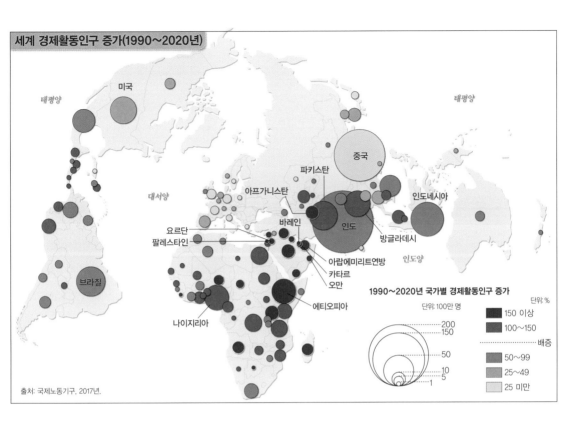

세계 경제활동인구 증가(1990~2020년)

태평양

미국

태평양

대서양

중국

파키스탄

아프가니스탄

인도네시아

요르단
팔레스타인

바레인

인도

방글라데시

아랍에미리트연방

인도양

카타르
오만

1990~2020년 국가별 경제활동인구 증가

단위: %

에티오피아

단위: 100만 명

150 이상

200
150

100~150

나이지리아

50

배증

브라질

10
5
1

50~99

25~49

25 미만

출처: 국제노동기구, 2017년.

의 이동으로 인해 점점 세계화되는 노동시장에서 노동의 수요가 늘어나면
서 새로운 국제분업이 등장했다.

국제분업은 여러 나라 근로자들 사이에 경쟁을 유발해 불완전 고용 또는
대량실업을 낳으며, 단순노동의 의존도가 높은 적도 부근과 남반구는 물론
북반구에서도 임금 하락의 압력을 가중한다. 규모 면에서 살펴보면, 인도,
중국, 인도네시아, 파키스탄, 베트남, 멕시코, 브라질 등 남반구 근로자들
의 국제 노동시장 진입이 상당한 수준이다. 백분율로 보면 아프리카, 중근
동, 동남아시아, 중앙아메리카 순으로 노동력의 이동 규모가 크다.

국가가 청년 인구의 일자리를 충족시키는 데 어려움을 겪으면, 결국 사회의 안전성, 공공기관의 신뢰성 및 국토의 사회경제적 균형에 악영향을 미치게 된다.

고용 위기는 2010년대 북아프리카와 중동 지역의 시민혁명인 '아랍의 봄'의 사례가 보여 주듯이 빈곤층을 양산해 사회적 긴장과 폭력 및 이주 압력으로 이어진다. 아프리카와 카리브해 일대 등 특정 지역에서 지정학적 요인으로 발생하는 불법행위, 더 나아가서는 범죄행위에 가담하는 인구도 증가하고 있다.

토지와 식량의 무기화와
초국적 기업의 토지 수탈

농업 생산량이 지난 25년 동안 75% 증가했음에도 불구하고 인구 증가와 수요의 변화에 따라 식량 문제는 여전히 중요한 이슈로 대두되고 있다. 소수의 수출국이 지배하는 세계화된 시장에서 식량 의존은 중요한 지경학적 · 지정학적 문제(식량의 무기화)이다. 이러한 맥락에서 농지는 토지 수탈을 통해 알 수 있듯이 약육강식의 대상이 되고 있다.

저소득국과 분쟁국의 많은 국민이 영양실조 상태로 고통

유엔식량농업기구(FAO)에 따르면 지리학자 실비 브뤼넬(경제학자이자 소르본대학교 교수이며 인권 운동가)이 연구한 바와 같이 이상기후(가뭄, 홍수 등)는 물론, 무엇보다 분쟁으로 인해 2020년 기준 사하라 이남 아프리카, 동남아시아 및 서아시아에 거주하는 8억 2,200만 명이 영양실조에 시달리고 있다. 최빈개도국, 저소득국, 분쟁국(잠비아, 중앙아프리카공화국, 차드, 타지키스탄 등)에서 특히 기아 위험도가 높다. 그리고 상당수 국가는 빈곤과 자원 관리(농업 및 식량정책)의 부실로 대다수 국민이 영양실조 상태에 빠져 있다.

세계시장은 수출국과 수입국 간 무역수지 불균형이 심화하는 한편, 지역별 · 품목별로 작물의 특화(곡물, 육류, 유지류, 열대 농산물, 수산물, 임산물) 등

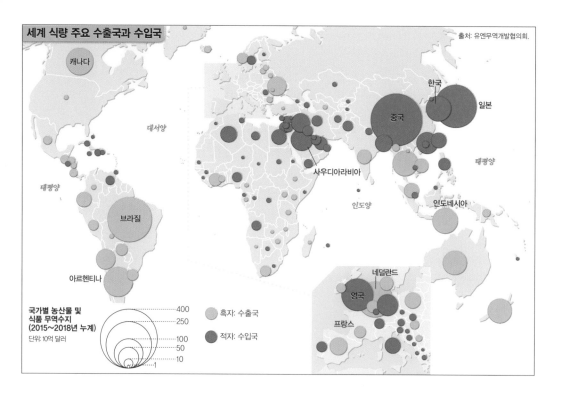

세계 식량 주요 수출국과 수입국

출처: 유엔무역개발협의회.

국가별 농산물 및 식품 무역수지
(2015~2018년 누계)
단위: 10억 달러

400
250
100
50
10
1

흑자: 수출국
적자: 수입국

캐나다
대서양
태평양
브라질
아르헨티나
사우디아라비아
인도양
인도네시아
한국
중국
일본
태평양
네덜란드
영국
프랑스

의 특징이 두드러진다. 15개국이 전체 수출의 80%를 장악하고 있으며, 유럽과 북아메리카에 이어 브라질, 아르헨티나, 인도네시아, 태국, 칠레, 우크라이나, 에콰도르 등 적도 인근 및 남반구 국가들이 주요 수출국으로 떠오르고 있다.

그리고 무역 분야 세계화의 진전에 따라 건강 위험성(구제역, 돼지열병, 리스테리아, 조류인플루엔자 등)과 환경 위험성(침입종)도 높아지는 추세이다. 생산성, 품질, 식량 및 건강 안보 간의 균형을 유지할 뿐 아니라 사회적·영토적·환경적 차원에서 안정적인 농업시스템을 재건하는 문제를 둘러싸고 곳곳에서 활발한 논쟁이 벌어지고 있다.

세계화의 세계

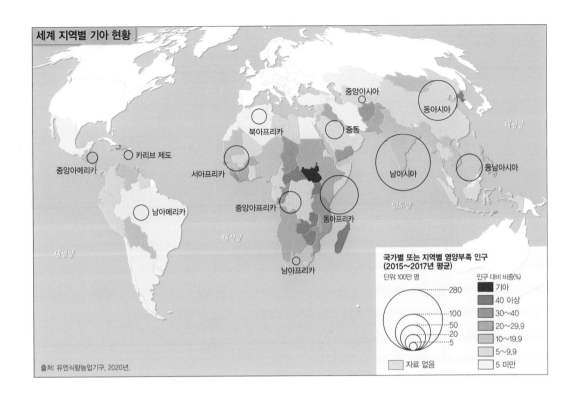

세계 지역별 기아 현황

중앙아시아
동아시아
태평양
북아프리카
중동
서아프리카
카리브 제도
남아시아
동남아시아
중앙아메리카
중앙아프리카
남아메리카
동아프리카
인도양
태평양
대서양
남아프리카

국가별 또는 지역별 영양부족 인구
(2015~2017년 평균)
단위: 100만 명

인구 대비 비중(%)

280
100
50
20
5

기아
40 이상
30~40
20~29.9
10~19.9
5~9.9
5 미만

자료 없음

출처: 유엔식량농업기구, 2020년.

초국적 기업의 토지 수탈로 농민은 강제 이주와 빈곤층 전락

최근 수십 년 동안 세계 각지에서 벌어지고 있는 토지 선점 경쟁은 곧 국가, 초국적 기업, 금융투자자 등에 의한 범지구적 '토지 수탈'이라 할 만큼 공격적인 해외 진출이었다.

토지 모니터링 단체 랜드매트릭스에 따르면 총거래 건수는 2,021건, 면적은 7,980만 헥타르에 해당한다. 10대 주요 토지 취득 국가는 중국, 미국, 캐나다, 영국, 스위스, 러시아, 말레이시아, 일본, 에스파냐, 한국이다. 이들 국가의 해외토지에 대한 투자는 국가적 수요 또는 글로벌 수요(팜유, 바

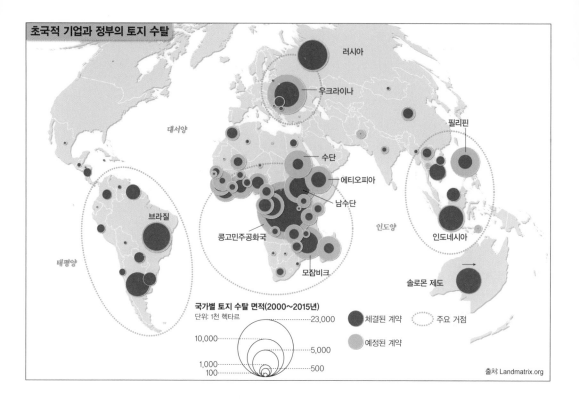

초국적 기업과 정부의 토지 수탈

러시아

우크라이나

필리핀

대서양

수단

에티오피아

남수단

브라질

콩고민주공화국

인도양

인도네시아

태평양

모잠비크

솔로몬 제도

국가별 토지 수탈 면적(2000~2015년)
단위: 1천 헥타르

23,000

10,000

5,000

1,000
100

500

체결된 계약

예정된 계약

주요 거점

출처: Landmatrix.org

이오 연료 등) 충족을 목적으로 한다.

　10대 주요 수탈 대상국은 권위주의 정권이 외국 기업과 자본을 유치하기 위해 외국인 투자자를 적극적으로 보호하는 정책을 편다. 이들 국가는 국내 분쟁 후 내정이 혼란스러운 남반구 국가(콩고공화국과 콩고민주공화국, 필리핀, 수단과 남수단)이거나 상당한 농업 잠재력을 가진 국가(페루, 러시아, 우크라이나, 브라질, 마다가스카르, 파푸아뉴기니)로 구분된다.

　토지 수탈로 인해 전통적으로 공유지에 대한 권리를 가지고 있던 가족농과 소작농이 수십만 헥타르에 달하는 농지에서 강제로 쫓겨나게 된다. 이렇듯 농민의 강제 이주와 빈곤층으로의 전락을 초래하는 토지 수탈 프로젝

세계화의 세계

트는 한국 재벌 대우(2008년 당시 사명)의 마다가스카르 진출, 이탈리아와 세네갈이 바이오 연료를 만들기 위한 프로젝트로 농지를 파헤치고 삼림을 마구 벌채했던 세네타놀 등의 사례에서 볼 수 있듯이 원주민의 강력한 저항에 부딪히기도 한다.

　프랑스의 지리학자 실비 브뤼넬의 지적대로 농업이 신구 강대국의 충돌을 낳는 전략적 쟁점이 될 정도로 식량 의존성은 지정학적 위기 요인으로 꼽히고 있다.

의료와 교육의 접근성에
선진국과 후진국의 격차

신종 코로나바이러스 감염증 발생으로 알 수 있듯이 모자이크와도 같은 세계 공간의 상호의존도는 나날이 높아져 가고 있다. 이러한 상황에서 지역별 개발 문제가 사회적 · 지경학적 · 지정학적 상호관계의 결정적인 요소로 작용한다. 선진국과 후진국 간의 격차가 세계 또는 대륙 규모에서 상호관계의 핵심이라면, 캄보디아나 온두라스의 예시처럼 모든 규모에서 구조적 대립이 드러나는 일도 있다.

의료와 교육 등 기본 권리조차 보장이 어려운 저개발국

1945년 이후 주요 국제기구의 헌장에 의해 기본적 욕구의 충족이 보편적인 것으로 인정되었지만, 세계보건기구(WHO)나 유네스코의 노력에도 불구하고 인류의 일부는 여전히 많은 부분에서 기본적인 권리를 보장받지 못하고 있다. 기본생존권에 속하는 주택, 물과 에너지에 대한 접근을 비롯해 사회보장권에 속하는 연금, 보건의료, 교육 등이 이에 해당한다.

　서구 등 북반구는 전 세계 보건 의료비 지출의 80%(미국 39.5%, 서유럽 26%)를 차지하는 반면, 아프리카(1.7%)와 남아시아(1.8%)는 아주 미미한 수준이다. 미국인 한 사람은 연간 보건 의료비로 1만 200달러를 지출한다. 아프리카 모잠비크인 1인당 연간 보건 의료비 21달러의 486배 수준이다. 세계화의 진전에 따라 많은 개선이 있기는 했지만, 여전히 저개발국을 비롯

세계화의 세계

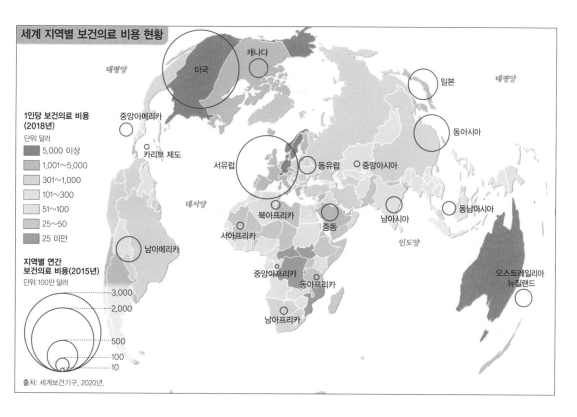

세계 지역별 보건의료 비용 현황

태평양

미국

캐나다

일본

태평양

1인당 보건의료 비용
(2018년)

중앙아메리카

동아시아

단위: 달러

5,000 이상

1,001~5,000

카리브 제도

서유럽

동유럽

중앙아시아

301~1,000

101~300

대서양

51~100

25~50

25 미만

남아메리카

북아프리카

중동

남아시아

동남아시아

인도양

지역별 연간
보건의료 비용(2015년)

서아프리카

단위: 100만 달러

3,000

2,000

중앙아프리카

동아프리카

오스트레일리아
뉴질랜드

500

100

10

남아프리카

출처: 세계보건기구, 2020년.

한 여러 국가에서 수십억 명이 기본적인 치료조차 받지 못하고 있다.

미국 트럼프 행정부는 저소득층 무보험자 3,200만 명의 건강보험 가입을
의무화한 '오바마 케어' 폐지에 나섰으나 성공하지 못했다. 모든 사람이 경
제적 여건과 관계없이 필요한 의료서비스를 받을 수 있는 '보편적 의료보
장'은 WHO가 주도적으로 추진하는 개발 목표의 주요 과제다.

교육 접근성 역시 최근 수십 년 동안의 발전에도 불구하고 여전히 매우
불평등 상태에 놓여 있다. 적도 부근 및 남반구 어린이의 80%가 초등교육
을 받고 있지만, 노동시장에 신규 진입하는 일부 청년 근로자의 경우 교육

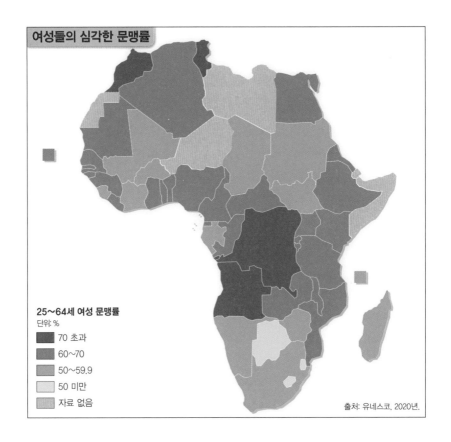

여성들의 심각한 문맹률

25~64세 여성 문맹률
단위: %

- 70 초과
- 60~70
- 50~59.9
- 50 미만
- 자료 없음

출처: 유네스코, 2020년.

및 역량 수준이 불충분해 성장의 걸림돌로 작용하고 있다. 전 세계 문맹 인구는 7억 7,300만 명에 달하며, 그 가운데 2억 명 이상이 아프리카에 살고 있다.

　이런 차별과 불공정의 첫 번째 희생자인 여성의 문맹률은 남아프리카공화국에서 93%이지만, 나이지리아에서는 50%, 중앙아프리카에서는 24%, 니제르에서는 11%로 급감한다.

세계에서 살인율이 가장 높은 나라 온두라스

많은 국가의 경우 지역 간, 지방자치단체 간 발전 격차는 세계 체제의 변방 중에서도 주변부가 더 심화한 상태임을 보여 준다. 이러한 불평등은 다차원적 빈곤의 지표(유아 사망률, 영양, 교육, 시설 수준 등)를 통해 파악할 수 있다.

중앙아메리카의 작은 나라 온두라스의 빈곤율은 37%이지만, 경제의 중심인 산페드로술라에서는 6%, 남서부의 렘피라주에서는 42% 등으로 다양하게 나타난다. 동쪽으로 엘살바도르와 접하는 산악 지역이나 남부(촐루테카)와 동부(그라시아스 아디오스)의 니카라과 접경 지역 등 주변부 지역의 빈곤율이 가장 높다.

세계에서 살인율이 가장 높은 나라 중 하나인 온두라스는 극심한 정치적·사회적 불안정을 겪고 있다. 오랫동안 미국 식품기업인 유나이티드 프루트 컴퍼니(United Fruit Company, 현재 치키타)에 장악되었던 이 '바나나 공화국'에서 현재 벌어지는 폭력의 배경에는 강력한 과두지배(소수 집단이 사회의 권력을 독점하고 행사하는 것) 세력, 오랜 군사독재, 정부의 조직적 부패 등이 있다.

그리고 반복된 내란과 쿠데타로 국가 기반이 붕괴했고, 범죄조직 라 마라스(La Maras, 8만 명의 조직원이 활동 중)의 등장으로 수도 테구시갈파와 산페드로술라 등 주요 대도시의 범죄 발생률이 치솟았다. 라 마라스는 미국에서 추방된 젊은 이민자들로 구성된 갱단으로, 오늘날 멕시코 마약 카르텔과도 협력하고 있다.

인도차이나 전쟁과 크메르루주의 독재로 황폐해진 작은 나라 캄보디아에서는 인구의 55%가 빈곤에 시달리고 있으며, 84%가 농촌 지역에 살고

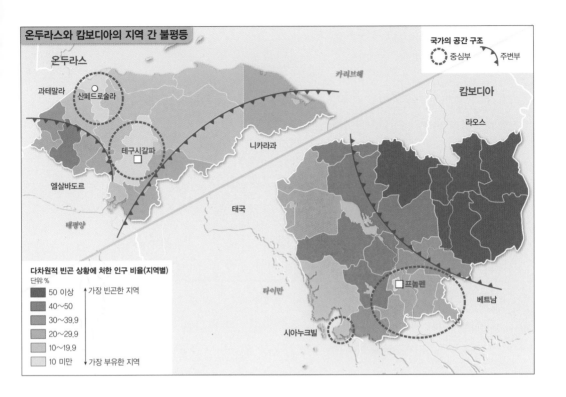

온두라스와 캄보디아의 지역 간 불평등

온두라스

과테말라
산페드로술라
테구시갈파
엘살바도르
태평양
카리브해
니카라과

국가의 공간 구조
중심부   주변부

캄보디아

라오스
태국
타이만
시아누크빌
프놈펜
베트남

다차원적 빈곤 상황에 처한 인구 비율(지역별)
단위 %
50 이상	가장 빈곤한 지역
40~50	
30~39.9	
20~29.9	
10~19.9	
10 미만	가장 부유한 지역

있다. 빈곤율은 수도 프놈펜에서 7%, 항구도시 시아누크빌에서 20%, 북부
(멘체이) 지역, 라오스와 태국 국경 인접 지역, 동부의 베트남 접경 산악지
대(반룽, 센모노롬) 등에서는 62%로 나타난다.

이러한 빈부의 격차로 형성된 중심부-주변부 구도는 동남아시아의 모든
국가에서 발견된다.

세계화의 세계

세계화의 진전에 따라
노동력의 국제이주 증가

국제이주가 다양한 세계화 과정에 따라 지속해서 나타나는 현상이라면, 현대의 이주시스템은 그 규모(2억 5,000만 명, 세계 인구의 3.4%)로 볼 때 전 지구적으로 나타나는 현상이다. 그리고 다극화가 진행 중인 세계 질서의 재편과 함께 불법 이민자가 2,500만에서 4,000만 명에 이를 만큼 역동성, 다양성도 확대되고 있다.

멕시코의 경우 이주 노동자의 송금은 미국의 이민 정책이 좌우

노동 및 고용과 관련된 국제이주에는 상당한 제약이 따르지만, 선호 지역(북아메리카, 서유럽, 페르시아만)과 기피 지역 사이에는 차별적인 질서가 존재한다. 1995년까지 제한적이었던 국제이주는 이후 새로운 영역(중앙 및 동아시아, 동유럽, 중앙아프리카 등)까지 편입함으로써 폭발적으로 증가했다.

지난 25년 동안 이주민의 해외 송금액은 7배로 늘어나, 2019년 기준 7,060억 달러에 달한다. 자금의 흐름을 보면 인도(820억 달러), 중국(700억 달러), 멕시코(386억 달러), 필리핀(350억 달러), 나이지리아, 이집트 등으로 유입되는 송금액 규모가 상당히 크다.

그러나 경제 규모로 보면 아이티(GDP의 38%), 타지키스탄, 네팔, 키르기스스탄(GDP의 30%), 온두라스(GDP의 22%), 코모로(GDP의 20%), 팔레스타인

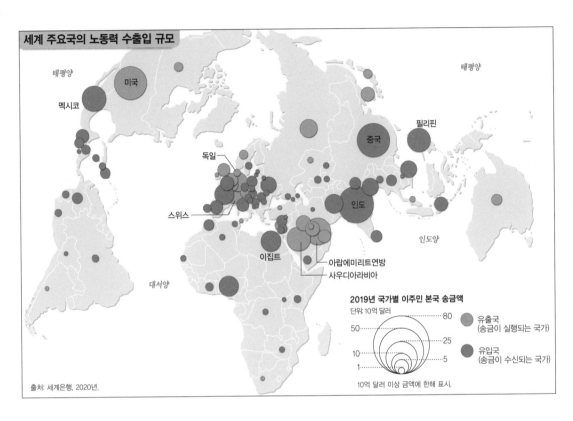

세계 주요국의 노동력 수출입 규모

태평양

미국

멕시코

태평양

필리핀

독일

중국

스위스

인도

이집트

아랍에미리트연방

사우디아라비아

인도양

대서양

2019년 국가별 이주민 본국 송금액
단위: 10억 달러

80
50
25
10
5
1

유출국
(송금이 실행되는 국가)

유입국
(송금이 수신되는 국가)

10억 달러 이상 금액에 한해 표시.

출처: 세계은행, 2020년.

(GDP의 18%) 등 경제적으로 어렵고 작은 나라의 경우 해외 이주 노동자 송금이 큰 비중을 차지한다.

상호 연결된 공간 사이의 공식적·비공식적 교류가 활발해지면서 다양한 차원에서 상호 교환(인력, 정보, 재화, 문화 등)이 이루어지는 것이다. 이러한 이동은 자본의 출자와 유입, 학교시설 건설, 전력 설비 설치, 중소기업 창업, 작업장·상권 구축 등 경제와 사회를 비롯한 문화 영역의 변화를 촉진한다.

멕시코의 경우 이주 노동자의 송금은 북부 국경의 인구 희박 지역 및 중

세계화의 세계

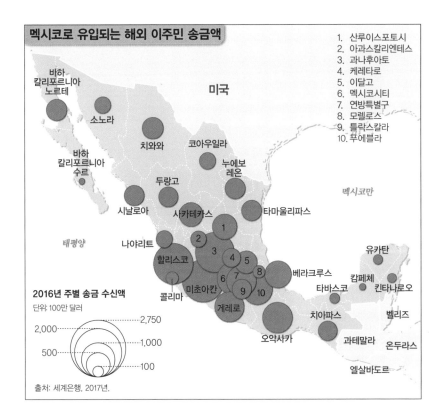

멕시코로 유입되는 해외 이주민 송금액

미국

1. 산루이스포토시
2. 아과스칼리엔테스
3. 과나후아토
4. 케레타로
5. 이달고
6. 멕시코시티
7. 연방특별구
8. 모렐로스
9. 틀락스칼라
10. 푸에블라

바하
칼리포르니아
노르테

소노라

치와와

코아우일라

바하
칼리포르니아
수르

누에보
레온

멕시코만

두랑고

시날로아

사카테카스

타마울리파스

태평양

나야리트

할리스코

유카탄

콜리마

미초아칸

베라크루스

캄페체

2016년 주별 송금 수신액

단위: 100만 달러

2,750
2,000
500
1,000
100

타바스코

킨타나로오

게레로

치아파스

벨리즈

오악사카

과테말라

온두라스

출처: 세계은행, 2017년.

엘살바도르

부의 인구 밀집 지역(미초아칸, 할리스코, 과나후아토, 푸에블라 등)에서 중요한 역할을 한다. 송금액 규모는 20년 만에 6배가 증가했으나, 향후 증감의 규모와 속도는 여전히 미국의 경제 상황과 이민 정책에 좌우된다. 양국의 위기 상황과 갈등, 그리고 국경에서 시행되는 엄격하고 선별적인 통제(불법 이민 단속)에 민감하게 영향을 받기 때문이다.

미국의 불법 이민 단속이 심해질수록 그들의 범죄조직이 운영하는 불법 네트워크를 통한 밀입국은 날이 갈수록 증가하고 있다. 또한 돈을 벌기 위한 밀입국의 이동 경로도 다양해지고 있다.

2018년 인도 정부는 재외 인도인을 3,100만 명으로 추산

디아스포라(인도, 중국, 레바논, 아르메니아 등)는 세계화 이전부터 이루어진 오래된 현상으로, 이주민의 네트워크와 커뮤니티는 세계화의 강력한 매개체 역할을 한다. 중국과 인도 당국은 이들을 오랫동안 외면 혹은 무시했지만, 이제 국가 차원에서 이들과 영향력 있는 네트워크 구축을 위해 노력하고 있다.

2018년 인도 정부는 재외 인도인(Overseas Indians)을 3,100만 명으로 추산했

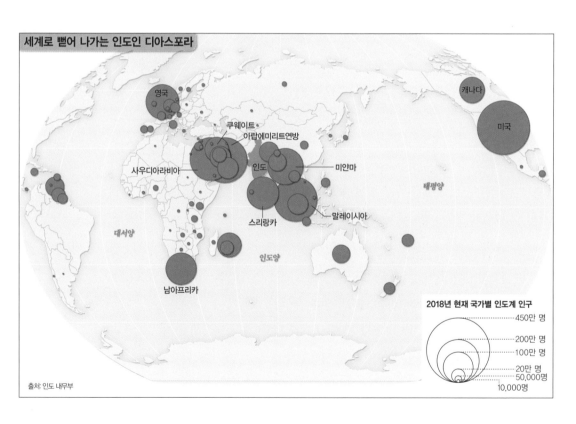

세계로 뻗어 나가는 인도인 디아스포라

영국 · 캐나다 · 미국 · 쿠웨이트 · 아랍에미리트연방 · 사우디아라비아 · 인도 · 미얀마 · 태평양 · 스리랑카 · 말레이시아 · 대서양 · 인도양 · 남아프리카

2018년 현재 국가별 인도계 인구
450만 명 / 200만 명 / 100만 명 / 20만 명 / 50,000명 / 10,000명

출처: 인도 내무부

세계화의 세계

다. 재외 인도인은 비거주 인도인(Non-Resident Indians, NRIs)과 인도 혈통인(Persons of Indian Origin, PIOs)으로 구분된다.

힌두 민족주의 성향의 인도 정부는 이러한 분류 시도 외에도, 인도인 디아스포라의 재발견 및 집단화를 주도한다. 이는 디아스포라가 어떤 지경학적·지정학적 현안에 영향력을 행사하기 위한 지렛대로써 이용될 수 있는지를 나타내기도 한다.

동심원 모델(인도양, 대영제국, 현재의 세계화)로 제시된 디아스포라 분포도는 인도 아대륙의 세계화 형태를 잘 보여 준다.

종교, 인종, 경제, 패권 등
세계 곳곳에서 분쟁이 발생

지금의 현실은 세계가 얼마나 무질서하고 불안정하며 혼란스러운지를 잘 보여 준다. 하지만 겉보기와 달리 우리 세계는 여전히 이해할 수 있고, 위기의 진원지 또한 식별할 수 있다. 위기 발생 지역은 인구통계학적·사회적·지경학적·지정학적 긴장으로 이루어진 세계 질서의 일부이며, 이러한 긴장은 세계 및 국가 조직을 불안정한 상태에 빠트리기도 한다.

아시아, 아프리카, 중동은 갈등의 역학관계가 복잡

대형 초국적 기업들은 국제화 과정에서 입지 결정을 통해 특정 영역의 생산자들만큼 경제적, 재정적 행위자 역할을 한다. 지역 공간의 다양한 리스크에 대해 거시경제적이고 지정학적인 전문 지식이 필요하기 때문이다. 프랑스계 글로벌 신용보험회사 코파스(Coface)와 같은 전문기관이 기업의 선택을 돕기 위해 해외 진출 지원 서비스를 제공하기도 한다. 안정적인 서구 국가들과 달리 다른 지역의 경우 국가별로 서로 다른 리스크 요인을 갖고 있기 때문이다.

국내외 분쟁 연구에 특화된 기관들도 있다. 하이델베르크 세계분쟁연구소에 따르면 2019년 한 해 동안 전 세계에서 발생한 분쟁 건수는 374건으로, 그 가운데 214건은 폭력적 분쟁, 41건은 내전 또는 국제전 등 전쟁(시

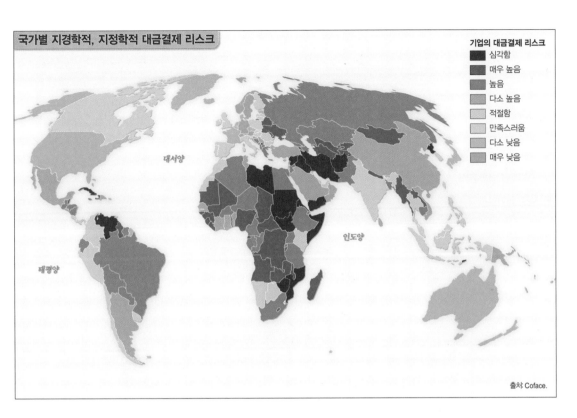

국가별 지경학적, 지정학적 대금결제 리스크

기업의 대금결제 리스크
- 심각함
- 매우 높음
- 높음
- 다소 높음
- 적절함
- 만족스러움
- 다소 낮음
- 매우 낮음

대서양

태평양

인도양

출처: Coface.

리아, 아프가니스탄, 예멘, 리비아, 파키스탄, 우크라이나, 나이지리아 등)으로 파악
된다.

국지적·국제적 분쟁은 마치 지정학적 밀푀유(천 겹의 잎사귀라는 뜻으로 밀
가루 반죽을 여러 겹으로 층층이 쌓아 바싹하게 구운 프랑스식 과자)처럼 작동한다.
비대칭 분쟁 또는 저강도 분쟁, 내전 등 각기 다른 기원과 특징을 가진 분
쟁을 여러 겹으로 층층이 쌓아 올리기 때문이다. 게다가 이러한 분쟁은 상
호 연동된 공간에서, 그리고 지방, 지역, 국가, 국제사회 차원의 쟁점들끼
리 상호작용함으로써 작동한다.

특히 아시아, 아프리카, 중근동은 갈등의 역학관계가 복잡하게 얽혀 있

어 해결이 쉽지 않다는 특징이 있다. 게다가 테러리즘(사보타주, 습격, 암살, 납치, 인질 등)은 1990년대 이후 새로운 차원으로 접어들었다. 이슬람 근본 주의처럼 정치적 목적을 위해 종교를 도구화하는 초국가적 운동이 등장했기 때문이다.

남수단은 독립 2년 만에 종족 분쟁의 내전 상태로 돌입

남수단의 경우는 내부적 갈등으로 정부 및 국가 조직이 불안정한 상태에 빠지게 되면 '실패 국가'로 전락하는 전형적인 모델이다. 흔히 정부의 통제 능력이 수도의 좁은 영역에 국한되어 기본 의무조차 수행하지 못하는 국가 (소말리아, 중앙아프리카공화국, 콩고, 말리, 아프가니스탄 등)를 실패한 국가라고 칭하는 예와 같다.

아프리카 대륙에서 가장 오랜 기간에 걸쳐 가장 많은 사망자를 낸 분쟁으로 꼽히는 수단 내전은 북부 아랍계와 남부 아프리카계 사이의 충돌로, 그 과정에서 수백만 명의 난민이 발생하기도 했다. 물론 2011년 7월에 남수단은 분리 독립에 성공했다.

하지만 남수단은 독립 2년 만에 누에르족과 딩카족 간의 종족 분쟁이 다시 격화되면서 참혹한 내전 상태로 돌입, 또 전쟁을 치러야 했다.

지구상에서 가장 가난한 국가 중 하나에서 벌어진 이 전쟁의 목적은 1978년 개발되기 시작한 석유를 비롯한 여러 자원에 대한 지배권을 확보하려는 것이었다. 자원의 확보는 생존에 결부된 문제이기 때문이다. 권력과 자원의 주도권을 놓고 경쟁 관계에 놓인 여러 지도층이 부족의 갈등을 도

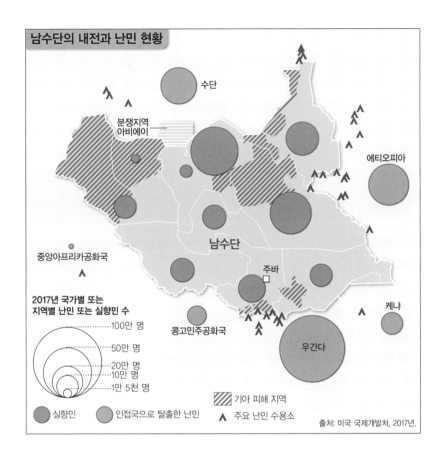

남수단의 내전과 난민 현황

수단

분쟁지역
아비에이

에티오피아

남수단

중앙아프리카공화국

주바

케냐

**2017년 국가별 또는
지역별 난민 또는 실향민 수**

100만 명

50만 명

20만 명
10만 명

1만 5천 명

콩고민주공화국

우간다

● 실향민　　● 인접국으로 탈출한 난민　　∧ 주요 난민 수용소

▨ 기아 피해 지역

출처: 미국 국제개발처, 2017년.

구로 삼아 내전을 벌인 데에는 이런 이유가 있었다.

2018년 남수단 내전으로 우간다와 에티오피아 등 인접 국가에서는 220만 명의 국내 실향민과 난민이 발생했으며, 그 여파로 이미 취약한 상태에 있던 주변 지역의 불안정도 더욱 악화하였다.

최근 몇 년 동안은 분쟁을 통해 세계의 실향민과 난민 수가 폭발적으로 증가했다. 유엔난민고등판무관실(UNHCR)에 따르면 2018년 7,150만 명이 국내외 분쟁을 피해 다른 지역으로 강제 이주했다.

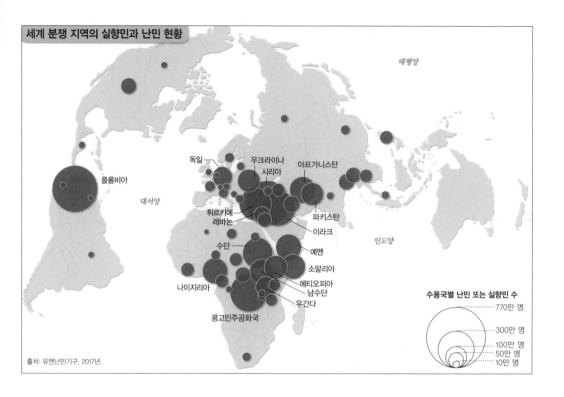

세계 분쟁 지역의 실향민과 난민 현황

독일 / 우크라이나 / 시리아 / 아프가니스탄
콜롬비아
대서양
튀르키예 / 레바논 / 파키스탄 / 이라크
수단 / 예멘 / 인도양
나이지리아 / 소말리아 / 에티오피아 / 남수단 / 우간다
콩고민주공화국
태평양

수용국별 난민 또는 실향민 수
770만 명
300만 명
100만 명
50만 명
10만 명

출처: 유엔난민기구, 2017년.

위의 지도는 국내 분쟁(콜롬비아, 나이지리아 등), 국제분쟁(시리아, 이라크) 등 주요 분쟁 지역의 다양한 분포와 규모를 보여 준다. 예멘 전쟁과 같이 내전으로 시작된 단순한 내부 분쟁이 지역 강국의 간섭으로 국제분쟁으로 까지 비화하는 비극적인 경우도 있다.

자원과 항로 확보를 위한
해양 영토화 경쟁 치열

바다는 지구 표면의 약 71%를 차지하며, 전 세계 교역량의 78%가 바다를 통해 이뤄지는 만큼 세계화에서 중요한 역할을 한다. 대항해 시대 이후 바다의 전략적 중요성이 확장되면서 각국의 연안 개발도 활발해졌다. 최근에는 북극 항행에 적극적으로 나서는 한편, 연안국들도 바다의 자원과 물류 항로를 확보하기 위한 주도권 경쟁에 나서고 있다. 이렇듯 바다는 인류 문명의 발전을 위한 '새로운 개척지'가 되었다.

전 세계 바다에서 해양 영토 확장을 위한 경쟁 치열

네덜란드 법학자 휘호 흐로티우스(근대 자연법의 원리에 입각한 국제법의 기초를 만들었다)는 1609년에 발표한 《자유해론》에서 '공해 자유의 원칙'의 기초가 되는 '바다의 자유'를 주장함으로써 에스파냐와 포르투갈의 독점적 해양 사용에 대항하는 새로운 해양 강국(네덜란드, 프랑스, 잉글랜드)의 주장을 정당화했다.

하지만 20세기에 들어서면서 서구 해양 패권국들의 시대는 막을 내리게 되었다. 비서구권 신생 독립국들의 요구에 따라 1973년 유엔해양법회의가 출범한 뒤, 오랜 논의 끝에 1982년 몬테고만에서 채택된 해양법협약이 1994년에 발효되었기 때문이다. 이 협약은 연안국의 '바다에 대한 권리'를 인정하고, 결과적으로 해양의 영토화를 승인했다.

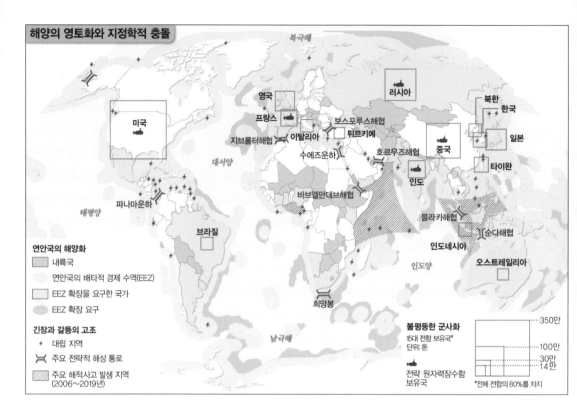

해양의 영토화와 지정학적 충돌

북극해

러시아

영국

북한

한국

프랑스

보스포루스해협

일본

지브롤터해협

이탈리아

뒤르키에

중국

미국

수에즈운하

호르무즈해협

타이완

대서양

인도

파나마운하

바브엘만데브해협

믈라카해협

태평양

브라질

순다해협

인도네시아

인도양

오스트레일리아

희망봉

연안국의 해양화

내륙국

연안국의 배타적 경제 수역(EEZ)

EEZ 확장을 요구한 국가

EEZ 확장 요구

남극해

긴장과 갈등의 고조

⚡ 대립 지역

✕ 주요 전략적 해상 통로

▨ 주요 해적사고 발생 지역
(2006~2019년)

불평등한 군사화

15대 전함 보유국*
단위: 톤

전략 원자력잠수함
보유국

350만

100만

30만

14만

*전체 전함의 80%를 차지

전 세계 영해 면적은 2,240만㎢(해양 표면의 11%), 배타적 경제수역(EEZ) 면적은 약 1억 2,000만㎢에 달한다. 이 새로운 국제법은 지난 수십 년 동안 200개 이상의 해양경계획정 협정이 체결될 정도로 활발하게 벌어지고 있는 해양 영토 확보의 법적 테두리가 된다. 19세기 식민제국 성립 이래로 가장 대규모로 세계 공간에서 벌어지는 해양 영토 확장을 위한 경쟁이라고도 할 수 있다.

현재 해양경계획정과 관련해 발생한 분쟁은 약 70~80건으로 추산된다. 분쟁 당사국이 합의에 이르면 사건을 1996년 설립된 국제해양법재판소 (ITLOS)로 이관할 수 있다.

분쟁이 해결되지 않는 경우 최후의 수단으로 세계 재판소의 기능을 수행하는 헤이그에 있는 국제사법재판소(ICJ)에 제소할 수 있다. 국제해저기구(ISA)는 심해저 지역을 관할한다. 심해저 지역이란 특정 국가 관할권인 배타적 경제수역(EEZ)에서 제외되며 '인류 공동의 유산'으로 지정된 지역을 말한다.

중국이 동중국해와 남중국해에서 주변국과 영유권 분쟁

지경학적 · 지정학적 · 지전략적으로 뜨거운 쟁점이 되는 해양 지정학은 세계, 대륙 또는 지역 등을 떠나 지구 전체의 질서를 재편하는 새로운 경쟁이 치열한 영역이다. 카리브해 지역이 여러 영역에서 저강도 분쟁을 겪고 있고, 지중해, 페르시아만, 기니만 지역에서 석유 자원을 둘러싼 경쟁도 치열하다. 한편, 동아시아와 동남아시아 지역에서 벌어지는 해양 분쟁은 국제문제로 비화하고 있다. 중국이 적극적으로 세력 확장에 나서고 있는 동중국해와 남중국해 영유권 분쟁이 그 일례이다.

　이런 배경에서 세계 각국은 최근 몇 년 동안 해군력 강화와 해양 공간의 군사화를 추진하고 있다. 하지만 고작 15개국이 전 세계 전함 가운데 80%를 보유하고 있다.

　전체 전함의 32%를 보유한 미국은 해상과 공중에서 전투력을 구사할 능력을 갖추고 있어 양적으로는 물론 질적으로도 세계 최강의 군사 대국 자리를 지키고 있다. 이어 중국, 러시아, 일본, 영국, 인도, 프랑스 등이 해양 군사 강국으로 꼽힌다.

지구 온난화로 북극해 자원 개발과 항로 개척 활발

2017년 7월, 크리스토프 드 마르주리호가 노르웨이 스노빗의 액화천연가스(LNG) 플랜트에서 출발해 한국의 충청남도 보령으로 향했다. 프랑스의 토탈그룹이 보유한 15척의 쇄빙 LNG 운반선 가운데 러시아 오비만과 접해 있는 야말반도의 가스전에서 생산된 천연가스를 액화 상태(-160℃)로 수출하기 위해 배정된 첫 번째 선박이었다.

야말 LNG 사업은 2019년부터 본격화되었다. 러시아의 노바텍, 프랑스의 토탈, 중국석유천연가스그룹(CNPC) 등이 사베타 지역에 건설한 LNG 액화플랜트는 극한의 조건(동절기 기온 -50℃, 6~9개월간 물이 얼어붙고 2개월간 완전한 극야 현상이 지속됨)에서 1만 5,000명을 고용하고 있다.

마르주리호를 시작으로 쇄빙 LNG선이 5월에서 11월 사이에 얼음으로 뒤덮인 북극해를 가로지르는 북동항로를 통과할 수 있게 되었다. 이 항로를 이용하면 수에즈 운하를 거쳐 유라시아 대륙을 우회하는 항로에 비해 운항 시간을 30일에서 15일로 절반 단축할 수 있다. 이러한 쇄빙 LNG선의 건조 비용은 기존 LNG선보다 50% 높지만, 운항 시간이 절약되고 러시아 쇄빙선의 호위(1회당 40만 달러)를 받지 않아도 되므로 수익성 있는 운영이 가능하다.

그러나 이 극한 환경에서 운항하려면 러시아의 군사기지, 수색·구조센터 등에 의지할 수밖에 없다. 연안을 따라 형성된 이러한 시설은 현재 현대화 공사가 진행 중이다.

북극해와 그 주변부(그린란드, 캐나다 북부, 알래스카 등)에서 지구 온난화가 진행되면서 천연자원 개발 및 북극 등 공해 지역 항해에 새로운 기회가 열

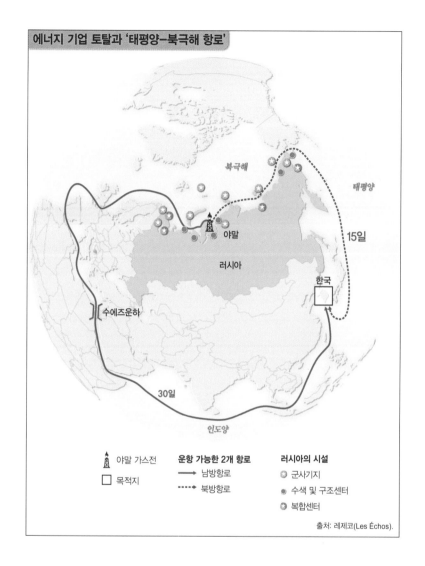

에너지 기업 토탈과 '태평양—북극해 항로'

북극해

태평양

야말

러시아

15일

한국

수에즈운하

30일

인도양

야말 가스전
목적지

운항 가능한 2개 항로
→ 남방항로
┅┅➤ 북방항로

러시아의 시설
⊙ 군사기지
◉ 수색 및 구조센터
⊗ 복합센터

출처: 레제코(Les Échos).

리고 있다. 하지만 '바다의 고속도로'를 개척하고 또 안전하고 정기적인 항로로 정착하기까지는 앞으로도 오랜 시간이 걸릴 전망이다. 2016년 기준 19척만이 이런 유럽—아시아 항로를 이용했다.

지속 가능한 세상을 위해
온난화 등 환경 문제 제기

환경 문제가 미디어와 국제사회의 주요 의제로 주목받고 있다. 글로벌 공공재로 간주하는 지구시스템은 19세기 이후 화석 연료 사용의 급격한 증가로 지구 온난화와 같은 문제들의 세계화에 직면해 있다. 하지만 환경 문제와 관련해 많은 국제협정이 서로 다른 분석과 이해관계로 인해 제대로 이행되지 않거나, 오히려 새로운 갈등을 빚어내는 상황이다.

이산화탄소 배출량 감축과 라틴아메리카의 산림 파괴

세계의 인구가 계속해서 증가하고, 인간 사회의 기본 수요를 충족시키기 위한 재생 가능 및 재생 불가능 자원의 활용이 새로운 환경 문제(파괴, 오염, 생물 다양성 및 생태계에 미치는 영향 등)를 제기하고 있다. 대부분 지구 온난화 문제가 보여 주듯이 지구 전체의 기능에 영향을 미칠 소지가 다분하다. 이산화탄소 배출 문제는 다양한 차원(경제, 사회, 환경)에서 제기되는 환경 문제를 상징한다.

중국, 미국, 인도, 러시아 등 많은 국가의 경우 에너지 및 운송시스템에서 석탄과 석유가 차지하는 비중이 과다하다. 연간 1인당 이산화탄소 배출량을 살펴보면, 카타르인은 41톤, 브라질인은 2.5톤, 인도인은 1.7톤을 배출한다. 하지만 배출량 감축에 대한 국제적 합의는 제대로 이행되지 않거

세계화의 세계

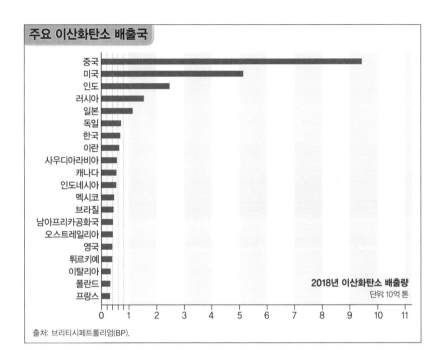

주요 이산화탄소 배출국

2018년 이산화탄소 배출량
단위: 10억 톤

출처: 브리티시페트롤리엄(BP).

나 지연되고 있다. 중국은 극심한 오염 문제를 해결하기 위해 탈탄소화 전략을 추진하고 있다. 미국도 오바마 행정부 때 비준한 파리기후변화협약을 트럼프 대통령이 2019년에 탈퇴했는데, 2021년 바이든 대통령이 당선 후 복귀했다.

FAO에 따르면 라틴아메리카의 산림 면적은 30년 동안 9,800만 헥타르 감소(-10%)했다. 감소량의 55%가 브라질에서 발생한 이유는 지리학자 에르베 테리가 분석한 바와 같이 조방농업 모델, 특히 아마존 열대우림의 조방농업 때문이다. 백분율로 따지면 중앙아메리카에서 가장 인구밀도가 높고 가장 가난한 소국들의 산림 황폐화가 매우 심각한 실정이다. 감소량은 온두라스 44%, 니카라과 31%, 엘살바도르 30%, 과테말라 25% 등으로 나타난다.

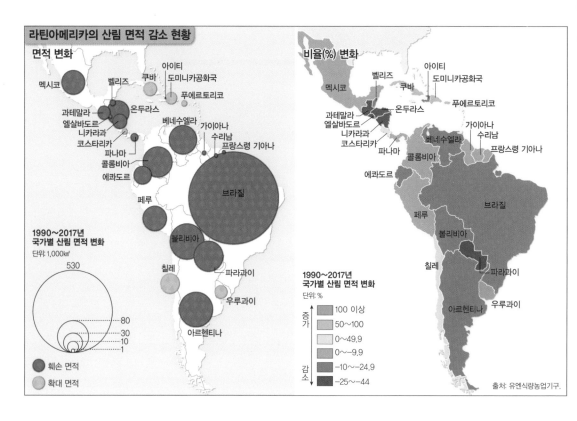

라틴아메리카의 산림 면적 감소 현황

면적 변화

멕시코
벨리즈
아이티
쿠바
도미니카공화국
푸에르토리코
과테말라
엘살바도르
온두라스
니카라과
베네수엘라
가이아나
코스타리카
수리남
파나마
프랑스령 기아나
콜롬비아
에콰도르
브라질
페루
볼리비아
칠레
파라과이
우루과이
아르헨티나

1990~2017년
국가별 산림 면적 변화
단위: 1,000㎢

530

80
30
10
1

훼손 면적
확대 면적

비율(%) 변화

멕시코
벨리즈
아이티
쿠바
도미니카공화국
푸에르토리코
과테말라
엘살바도르
온두라스
니카라과
가이아나
코스타리카
수리남
파나마
프랑스령 기아나
콜롬비아
베네수엘라
에콰도르
브라질
페루
볼리비아
칠레
파라과이
아르헨티나
우루과이

1990~2017년
국가별 산림 면적 변화
단위: %

증가
100 이상
50~100
0~49.9
0~-9.9
-10~-24.9
감소
-25~-44

출처: 유엔식량농업기구.

산림 자본의 소비는 강력한 토지 및 농업 지배 관계를 반영한다. 이러한 지배 관계는 초국적 기업 및 지역 내 소수 지배층이 주도하는 주요 수출 작물의 증가, 농촌 인구의 빈곤화와 부의 불평등 심화로 상징된다.

보르네오섬의 팜유에 대한 수요가 세계적으로 급증

세계에서 네 번째로 큰 섬인 보르네오는 인도네시아(73%), 말레이시아(26%)

와 브루나이에 속해 있다. 인구는 2,000만 명(인구밀도 27명/㎢)이다. 1970～1980년대 개발 시대에 인도네시아 사람들이 이곳으로 대거 이주해 농경지가 확대되면서 농업과 광업의 전성기를 열었다. 반면 원주민은 이러한 발전에서 소외되었다.

40년 동안 원시림의 비중은 섬 전체 면적의 76%에서 28%로 감소했으며, 현재는 접근이 어려운 중심부 고지대에만 남아 있다. 숲 덮개(forest cover)가 완전히 사라진 것은 아니지만 기능 면에서 심각한 변화가 발생하고 있다. 수출용 원목 공급(인도네시아는 대중국 최대 원목 수출국이다)으로 훼손한 산림이 3,360만 헥타르(23%)에 달한다. 또 팜유 생산을 위한 기름야자농장 등 대규모 플랜테이션이 접근성이 뛰어난 주변부의 1,850만 헥타르(12.5%)를 차지한다.

대두, 유채, 해바라기 등과 함께 팜유에 대한 수요도 전 세계적으로 급증하고 있다. 생산 비용이 적게 들고 식품산업에서 널리 사용할 수 있다는 장점 덕분이다. 팜유의 원산지는 서아프리카이지만 동남아시아에서 많이 재배하고 있으며, 쿠알라룸푸르 선물거래소 거래 가격에 따라 국제 가격이 확정된다. 인도네시아는 말레이시아, 나이지리아, 태국, 콜롬비아를 제치고 세계 최대 생산국이 되었다.

인도네시아는 1970년대부터 국가와 IMF의 지원으로 발전한 대규모 플랜테이션이 자국 경제에서 큰 비중을 차지하게 되었다. 일반적으로 개별 플랜테이션의 면적은 2만 5,000～3만 5,000헥타르, 고용 인원은 3,000～4,000명에 달한다.

이처럼 플랜테이션 자본주의가 성장하면서 노동자들은 새롭게 확대된 농경지에 일자리를 마련할 기회를 얻는다. 그리고 일대 노동자들의 소득과

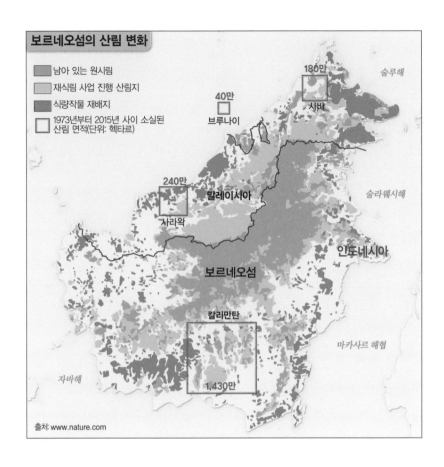

보르네오섬의 산림 변화

- 남아 있는 원시림
- 재식림 사업 진행 산림지
- 식량작물 재배지
- 1973년부터 2015년 사이 소실된 산림 면적(단위: 헥타르)

180만
사바

40만
브루나이

술루해

240만
사라왁

말레이시아

보르네오섬

인도네시아

술라웨시해

칼리만탄

1,430만

마카사르 해협

자바해

출처: www.nature.com

저축이 늘어나면서 수마트라섬의 경우 사회적 긴장이 완화되기도 했다.

환경단체들이 목소리를 높여 이런 자연환경을 파괴하는 성장모델을 비판(열대우림 파괴로 인해 멸종 위기에 처한 오랑우탄 참조)하고 있으나, 지역 내에서 그다지 큰 반향을 일으키지 못하는 데에는 이러한 배경이 있다.

유엔, G20, 브릭스 등
글로벌 거버넌스의 과제

규모와 영향력에는 차이가 있지만, 점점 더 세계화되고 상호 의존적인 국가들로 구성된 국제 체제에서 글로벌 거버넌스가 주요 쟁점으로 부각하고 있다. 한편 글로벌 거버넌스의 지정학적이고 지경학적인 성격, 그리고 나아갈 방향과 목표에 대한 합의는 없는 상황이다. 물론 여러 방해 요소에도 불구하고 진전이 보이고 있지만, 글로벌 차원의 보편성을 띤 프로젝트를 정의하는 것은 쉬운 일이 아니다.

유엔은 국가 간 긴장, 갈등 및 전쟁을 조정하는 기구

1945년에 탄생한 유엔 체제(UN, WHO, UNESCO, FAO, ILO, UNODC, UNHCR 등)는 강대국과 주변국 등 국가 간 세력 균형을 반영한다. 안전보장이사회 5개 상임이사국(미국, 러시아, 프랑스, 영국, 중국)이 거부권을 가지고 있는 한편, 7개국(브라질, 멕시코, 독일, 나이지리아, 이집트, 인도, 일본)이 상임이사국 자리를 노리고 있다.

때로 무력하다는 비판을 받기도 하지만 유엔은 국제법상 유일하게 정당성을 가지고 국가 간 긴장, 갈등 및 전쟁을 조정하는 기구이다. 따라서 프랑스, 독일, 중국, 러시아의 반대로 안전보장이사회의 승인을 받지 못한 2003년 미국의 이라크 침공, 즉 제2차 걸프전은 불법이다.

유엔평화유지 활동국은 현재 15개 분쟁 지역(서사하라, 중앙아프리카공화국,

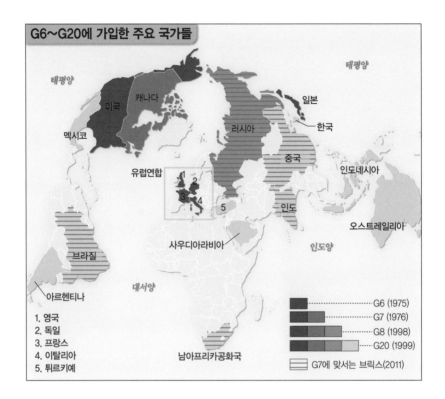

G6~G20에 가입한 주요 국가들

태평양 / 태평양 / 미국 / 캐나다 / 일본 / 한국 / 멕시코 / 러시아 / 중국 / 인도네시아 / 유럽연합 / 1 / 2 / 3 / 4 / 5 / 인도 / 오스트레일리아 / 사우디아라비아 / 인도양 / 브라질 / 대서양 / 아르헨티나 / 남아프리카공화국

1. 영국
2. 독일
3. 프랑스
4. 이탈리아
5. 튀르키예

G6 (1975)
G7 (1976)
G8 (1998)
G20 (1999)
G7에 맞서는 브릭스(2011)

말리, 아이티, 콩고, 수단의 다르푸르, 시리아, 키프로스, 레바논, 코소보, 라이베리아, 레바논–이스라엘, 파키스탄–인도)의 안정화를 위해 유엔군 소속 군인과 민간 인력 11만 명을 파견해 군사 또는 경찰 활동을 벌이고 있다.

여러 지경학적 국제기구(IMF, OECD, 세계은행, WTO 등)가 유엔 체제를 보완하고 있지만, 대부분 미국을 위시한 주요 서구 국가가 주도하는 이들 기구의 영향력은 예전 같지 않다.

미국 중심의 일극 체제에서 지난 수십 년간 다극 체제의 국제질서가 만들어지면서 새로운 강국들이 부상했다. 이러한 다극 체제 아래에서 IMF 및 세계은행의 투표권 조정 및 신흥 강국들의 발언권 확대, WTO 협상의 교착

세계화의 세계

상태 해결 등 글로벌 거버넌스의 구조 개선에 대한 새로운 요구가 이어지고 있다.

G20 회원국은 세계 인구의 3분의 2, GDP의 90%를 차지

유엔의 한계를 최대한 극복하고 토론과 교류의 장을 유지하기 위해 선진국 정상회의가 매년 개최되는 등 비공식 조직이 확산하고 있다. 1975년 미국, 프랑스, 독일, 일본, 이탈리아, 영국 등이 참가하는 주요 6개국 정상회의(G6)가 최초로 개최된 데 이어, 1976년 캐나다를 포함해 G7으로, 러시아를 포함해 G8으로 확대되었으나 러시아는 크림반도 침공으로 2017년 완전히 탈퇴했다.

1999년에는 세계화의 진전으로 부상한 신흥 강국(중국, 인도, 브라질), 입증된 지역 강국 또는 잠재적 지역 강국(남아프리카공화국, 사우디아라비아, 아르헨티나, 오스트레일리아, 한국, 인도네시아, 튀르키예, 멕시코)과 유럽연합을 포함한 G20의 상설이 확정되었다.

G20 회원국들은 전 세계 인구의 3분의 2, GDP의 90%, 국제 교역의 85%를 차지한다. 2007년 세계 금융위기 당시 정책 공조에 나서기도 했으나, 각국의 이해가 상충하기 때문에 한목소리를 내면서 세계를 대표한다고 보기에는 무리가 있다.

이렇듯 느슨하고 유연한 형태의 정상회의 및 조직 모델은 공동 이익을 옹호하는 국가들을 한자리에 모은다. 대표적인 모델로는 석유수출국기구(OPEC)와 브릭스(BRICS, 2011년 남아프리카공화국 가입) 정상회의가 많이 알려져 있다. 그리고 유엔 내 77개 개발도상국 그룹(G77)은 90개 개발도상국으로 구성된 WTO 내 협상 그룹(G90)과 같은 활동을 하는 연합체이다.

한편 최빈국의 농업 보호를 지지하는 33개 개발도상국 그룹(G33)은 1986년 오스트레일리아에서 결성된, 교역 자유화를 주창하는 19개국(오스트레일리아, 브라질, 뉴질랜드, 태국 등) 모임인 케언스 그룹과 반대 관점이다. 이런 비공식 시스템보다 훨씬 공식적으로 구조화된 지정학적·지경학적 연합체 성격의 장치(NAFTA, ASEAN, APEC, OAU 등)도 여러 개가 있다. 그런데 유럽연합에 가입한 회원국들은 초국가적 기구에 주권의 상당 부분을 양도한다는 점에서 이례적이다.

국제형사재판소와 국제사법재판소는 국제 범죄 예방 역할

국제형사재판소(ICC) 설립은 국제법상 중요한 진전을 의미한다. 네덜란드 헤이그에 소재하는 이 재판소는 보편적인 관할권을 갖는 영구적 기관이다. 집단 살해죄, 반인도 범죄, 침략 범죄 및 전쟁 범죄로 기소된 이들(국가 수반, 정부 고위 관리, 군 고위 장성 등을 포함)의 처벌을 목적으로 하며, 국제사법재판소(ICJ)를 보완하기 위해 설립되었다. ICJ는 유엔의 전신인 국제연맹의 상설국제사법재판소(PCIJ)를 대체해 1945년 창설된 기관으로, ICC와 달리 국가만이 소송 당사자가 될 수 있다.

ICC는 1998년 채택된 '국제형사재판소에 관한 로마 규정'이 60개국의 비준으로 2002년 발효되면서 출범했다. 현재 유엔 회원국 193개국 가운데 로마 규정을 비준한 국가는 87개국(서명국 137개국)이다. 미국을 비롯, 중국,

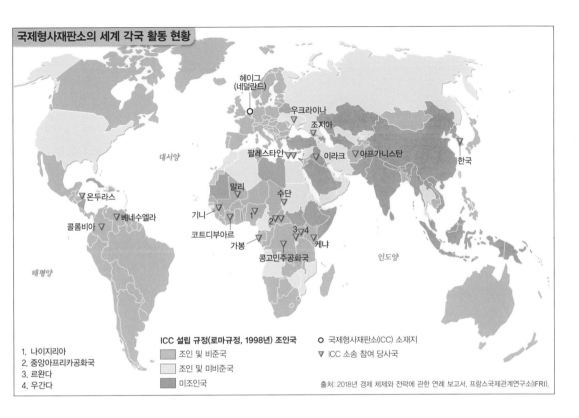

국제형사재판소의 세계 각국 활동 현황

헤이그
(네덜란드)

우크라이나

조지아

대서양

팔레스타인   이라크   아프가니스탄

한국

온두라스

말리   수단

기니

콜롬비아   베네수엘라

코트디부아르   1

2

3   4

케냐

가봉

콩고민주공화국

인도양

태평양

1. 나이지리아
2. 중앙아프리카공화국
3. 르완다
4. 우간다

ICC 설립 규정(로마규정, 1998년) 조인국
조인 및 비준국
조인 및 미비준국
미조인국

○ 국제형사재판소(ICC) 소재지
▽ ICC 소송 참여 당사국

출처: 2018년 경제 체제와 전략에 관한 연례 보고서, 프랑스국제관계연구소(IFRI).

러시아, 인도 등은 로마규정에 서명하지 않거나 비준 절차를 진행하지 않
고 있다. 현재 ICC에서는 아프리카(우간다, 콩고민주공화국, 중앙아프리카공화
국, 수단, 케냐, 리비아, 코트디부아르 등), 라틴아메리카(베네수엘라, 온두라스),
근동(팔레스타인), 아시아(조지아, 아프가니스탄, 북한), 유럽(우크라이나)의 23개
국과 관련된 수사 및 재판이 진행 중이다.

이중 잣대를 적용한다는 비판에도 불구하고 ICC의 설립은 국가 간의 협
력을 통해 각 지도자의 개별적 책임을 규정함으로써 점진적으로 인권 및
국제 인도법에 대한 존중을 보편화하는 데 공헌하고 있다. 따라서 ICC는
예방, 억제 및 억압의 역할을 한다고 볼 수 있다.

불공정한 세계화가
탈세계화의 원인이다

하나의 지구, 여러 개의 세계, 그리고 수많은 사람

세계화된 지구촌을 둘러보는 여행을 마치고 나면 분석과 통찰에 도움을 주는 몇 가지 구조적 요인을 식별할 수 있다.

세계화는 세계 체제의 점진적인 출현과 갈등을 특징으로 하는 지정학·지경학적 진화의 과정으로 복합적이면서 다면적인 특징을 가지고 있다. 따라서 지금의 세계를 지우고 덧쓰기를 거듭한 양피지처럼 만드는 세계화를 세 가지 주요 개념으로 나누어서 살펴보았다.

지경학적 차원의 세계화는 시장의 점진적 확대, 시장경제 및 자본주의 경제의 전 세계 확산으로 분석할 수 있다. 동시에 지정학적·지전략적 차원의 세계화는 세계적인 차원에서 일어나는 패권국의 세력 대결로 해석되어야 하지만 때로는 특정 지역의 갈등과 충돌에 한정되는 일도 있다.

세계화는 역사적으로 지난 4세기 동안 많은 양의 재생 가능 자원과 재생 불가능 자원을 필요로 하는 외연적 성장모델을 기반으로 구축되었다. 계속해서 토지를 확장함으로써 외쿠메네를 꾸준히 넓힌 덕에 이 모델을 구현할 수 있었다. 인류가 사용할 수 있는 공간(북극해, 그린란드, 기타 연안 지역 등)이 아직 남아 있지만, 그런데도 외연 확장 모델은 '세계의 유한성'이라는 새로운 구조적 제약에 직면해 있다.

따라서 여러 가지 긴장이 초래된다. 연안국들이 해양 패권을 두고 경쟁을 벌이는 한편, 지구촌 곳곳에서 토지, 물, 희소 자원을 둘러싸고 갈등이 발생하고, 적도 부근 및 남반구 국가들도 제 몫을 주장하는 목소리를 키우고 있다. 또한 이 모든 일이 벌어지는 동안 인간 활동이 지구시스템의 기능에 근본적인 변형과 변화를 가져오고 있다(지구 온난화 문제 참조). 인류, 즉 인간 사회 전체는 오늘날 새로운 문명의 도전에 직면해 있다. 다시 말해 수백 년 동안 이어져 온 외연 중심의 성장모델과 결별해야 한다, 지속 가능한 개발, 곧 더 효율적이고 보다 경제적이며 보다 연대적인 개발 문제가 역사상 지금처럼 첨예하게 제기된 적이 없기 때문이다.

서구 중심의 세계화로 국가와 지역의 불균형과 양극화 심각

서구 선진국 중심의 세계화는 결코 세계적이지 않다. 다시 말하자면 보편적이지 않다는 뜻이다. 많은 국가와 많은 사람이 이 세계화의 질서(한편으로는 동일한 목적성, 다른 한편으로는 그로 인해 생성된 부의 분배)에서 제외되기 때문이다.

불공정한 세계화는 특히 이중적이며 따라서 대립적이고 불안정한 사회 및 경제 체제를 생성한다. 세계 인구의 8%가 전 세계 부의 86%를 차지하는 반면, 세계 인구의 73%가 가진 재산은 전 세계 부의 2.4%로 부의 분배에서 극단적으로 소외되어 있다. 여러 주제와 지역의 세계화를 반영하는 다양한 지도, 그리고 데이터에서 이런 긴장과 단층선이 명확하게 드러나고 있다. 세계의 일부 영역에 나타나는 명백한 무질서나 혼돈은 대부분 심각한 지정학·지경학의 불공정에서 비롯된다.

지금까지 세계화는 과잉 통합 또는 과잉 배제와 같은 폭력적인 과정을 거쳐 중심부, 주변부, 변방으로 분열된 채 극도로 양극화된 체제를 만들어냈다. 또 이러한 이원론은 런던, 베트남, 온두라스, 캄보디아, 아프가니스탄 지도를 통해 보았듯이 세계적이든 지역적인 규모이든 동일하게 작동한다.

하지만 세계화의 상호 의존 체제가 역사적으로 유동적이며, 영역의 위상 역시 매우 유연하다는 사실이 판명되고 있다. 19세기에는 세계 최강대국이었으나 현재 위기에 처한 영국이 브렉시트를 선택하고, 1980년대 이후로 페르시아만 국가들(아랍에미리트와 두바이 참조) 또는 중국이 주변부를 벗어난 것도 특히 눈에 띈다. 다만 세계화의 시대에 뒤떨어지기는커녕, 국가, 국민, 그리고 혁신적인 프로젝트를 끌어낼 수 있는 집단 능력의 문제는 여전히 중요한 쟁점이다.

미국의 쇠퇴와 신흥 강국의 부상으로 탈세계화 시작

21세기 초인 현재, 국제질서는 역사적으로 전례 없는 상황에 놓여 있다. 세계 유일한 강대국인 미국 중심의 세계화 체제는 세 가지의 뚜렷한 지정학적 균열이 이루어지고, 미국을 비롯한 서구 열강의 오래된 패권적 지배를 위협하는 비서구권 신흥 강국들의 부상으로 '탈세계화'의 흐름과 움직임이 세계 곳곳에서 본격화되고 있다. 이러한 현상은 양극 또는 단극 세계에서 다극 또는 다핵 세계로의 전환을 특징짓는 '중요한 분기점'이 될 전망이다. 그리고 세계화를 주도한 서구 열강의 쇠락과 신흥 강국의 부상은 세계적 차원의 새로운 지전략 체제 경쟁으로 내몰리고 있다. '팍스 아메리카나'의 명백한 위기가 이를 방증한다.

세계화 역사의 새로운 단계, 즉 '탈세계화'는 이런 세 가지 균열로 특징지어진다. 한편 세계화와 탈세계화를 아우르는 새로운 차원의 글로벌 거버넌스를 재구축해야 한다는 목소리도 높아지고 있다. 이런 세계사적 대변환의 시대적 요구가 수많은 반발과 분열로 이어지고 있다. 그리고 세계화와 탈세계화를 둘러싼 주요 쟁점에 대한 논의의 필요성을 제기하는 여론도 세계적으로 확산하면서 힘을 얻고 있다.

결국 지리적으로 더 공정하고, 경제적으로 더 효율적이고, 사회적으로 더 연대적이고, 환경적으로 더 지속 가능한 새로운 세계 질서를 규정하고 장려하는 것이 현대 문명의 주요 쟁점이 될 것이다.

참고

약호와 약어 설명

ADIA. Abu Dhabi Investment Authority. 아부다비투자청

ADIC. Abu Dhabi Investment Council. 아부다비투자공사

AFPAK. 아프가니스탄–파키스탄

AIIB. Asian Infrastructure Investment Bank. 아시아인프라투자은행

APEC. Asia–Pacific Economic Cooperation. 아시아태평양경제협력체

ASEAN. Association of South–East Asian Nations. 동남아시아국가연합

BRICS. 브라질–러시아–인도–중국–남아프리카공화국

CENTO. Central Treaty Organization. 중앙조약기구

CIA. Central Intelligence Agency. 미국 중앙정보국

CIC. China Investment Corporation. 중국투자공사

COMECON. Council for Mutual Economic Assistance. 경제상호원조회의

COP21. 제21차 유엔기후변화협약 당사국총회

DWC. Dubai World Central(Al Maktoum International Airport). 두바이 월드 센트럴 국제
  공항(알막툼 국제공항)

EEC. European Economic Community. 유럽경제공동체

EEZ. Exclusive Economic Zone. 배타적경제수역

EU. European Union. 유럽연합

FAO. Food and Agriculture Organization of the United Nations. 유엔식량농업기구

FDI. Foreign Direct Investment. 해외직접투자

GATT. General Agreement on Tariffs and Trade. 관세무역일반협정

GDP. Gross domestic product. 국내총생산

ICBC. Industrial and Commercial Bank of China. 중국공상은행

ICC. International Criminal Court. 국제형사재판소

ICD. Investment Corporation of Dubai. 두바이투자청

ICICI. Industrial Credit and Investment Corporation of India. 인도산업신용투자협력
  은행

ICJ. International Court of Justice. 국제사법재판소

IDL. International Division of Labor. 국제분업

ILO. International Labour Organization. 국제노동기구

IMF. International Monetary Fund. 국제통화기금

IPIC. International Petroleum Investment Company. 국제석유투자공사

ISA. International Seabed Authority. 국제해저기구

ITLOS. International Tribunal for the Law of the Sea. 국제해양법재판소

LDC. Least developed countries. 최빈개도국

LON. League of Nations. 국제연맹

MDC. Mubadala Development Company. 무바달라개발공사

NAFTA. The North American Free Trade Agreement. 북미자유무역협정

NATO. North Atlantic Treaty Organization. 북대서양조약기구

NRIs. Non-Resident Indians. 비거주 인도인

NSA. National Security Agency. 미국 국가안보국

OAS. Organization of American States. 미주기구

OAU. Organization of African Unity. 아프리카단결기구

OECD. Organization for Economic Cooperation and Development. 경제협력개발기구

OPEC. Organization of Petroleum Exporting Countries. 석유수출국기구

PIOs. Persons of Indian Origin. 인도 혈통인

QIA. Qatar Investment Authority. 카타르투자청

SCO. Shanghai Cooperation Organization. 상하이협력기구

SEATO. Southeast Asia Treaty Organization. 동남아시아조약기구

SEZ. Special Economic Zone. 경제특구

SINOPEC. China Petroleum and Chemical Corporation. 시노펙(중국석유화공그룹)

UAE. United Arab Emirates. 아랍에미리트연합국

UN. United Nations. 유엔(국제연합)

UNESCO. United Nations Educational, Scientific and Cultural Organization. 유네스코
(유엔교육과학문화기구)

UNHCR. Office of the United Nations High Commissioner for Refugees. 유엔난민고등
판무관실

UNODC. United Nations Office on Drugs and Crime. 유엔마약범죄사무소

USSR. Union of Soviet Socialist Republics. 소비에트사회주의공화국연방

WHO. World Health Organization. 세계보건기구

WTO. World Trade Organization. 세계무역기구

세계화의 세계

참고 인터넷 사이트

World Bank 세계은행
CNES Géoimage 프랑스 국립우주연구센터 위성 이미지 사이트
UNCTAD 유엔무역개발회의
FAO 유엔식량농업기구
UNHCR 유엔난민고등판무관실
Landmatrix 랜드매트릭스
OECD 경제협력개발기구
WHO 세계보건기구
WTO 세계무역기구
UN-Habitat 유엔인간정주계획
UNDP 유엔개발계획
UNEP 유엔환경계획
World Population Projects 세계 인구 계획
World Urbanization Prospect 세계 도시화 전망

지포그래픽
세계화의 세계

초판 1쇄 인쇄 2022년 11월 20일
초판 1쇄 발행 2022년 11월 22일

지은이 ∣ 로랑 카루에
지도 그래픽 ∣ 오렐리 부아시에르, 박해리
옮긴이 ∣ 윤예니
펴낸이 ∣ 황보태수
기획 ∣ 박금희
편집 ∣ 오윤
마케팅 ∣ 유인철
디자인 ∣ 김민정
인쇄 ∣ 한영문화사
제본 ∣ 한영제책
펴낸곳 ∣ 이다미디어
주소 ∣ 경기도 고양시 일산동구 정발산로 24 웨스턴타워 1차 906-2호
전화 ∣ 02-3142-9612
팩스 ∣ 070-7547-5181

이메일 ∣ idamedia77@kakao.com
블로그 ∣ https://blog.naver.com/idamediaaa
페이스북 ∣ http://www.facebook.com/idamedia
인스타그램 ∣ http://www.instagram.com/ida_media
네이버 포스트 ∣ http://post.naver.com/idamediaaa

ISBN 979-11-6394-059-3 04300
        979-11-6394-058-6 (세트)